Le Goût des
CAFÉS

Le Génie du lieu

MARIE-FRANCE BOYER

Le Goût des CAFÉS

PHOTOGRAPHIES D'ERIC MORIN

211 illustrations, dont 194 en couleurs

THAMES & HUDSON

S.A.ROSSI BOISSONS
BAR DE L'EST
"33" EXTRA DRY
U BON COIN
mützig
BELLECOUR
CAFE
ALSACE
LE BRIN de ZINC
BISTROT DE
LE ROUQU ET
BRAS
CAFE
le GALLIA
OUVERT
HOTEL
BA
CHARBON
LLUME-FEU
HALLES
CHEZ ALAIN
BIERES
MOTTE-CORDONNIER
111
Café
STATION UVAL
JUS DE RAISIN
FÉ DE LA POSTE
BAR DES SPORTS
CAFÉ du SIÈCL
5

la Palette
BASTILLE
CAFE BAR LE BIZUTH SANDWICHS
LE BIZUTH
Mon BERGOUNHON
BAR DE L'
BAR de l'
AFE DE L'AVENUE
CAFE DE L'AVENUE
Magots
Le Bonaparte
BAR
ÉBIT ROUGE
CAFE
CAFÉ BAR
CAFE
BAR
Le Gaulois
RODES
MOKA
AR CURSICHELLA
CURSICHELLA
IMAGE
LES FLOTS BLEUS
STELLA ARTOIS
LES FLOTS BLEUS
SNACK

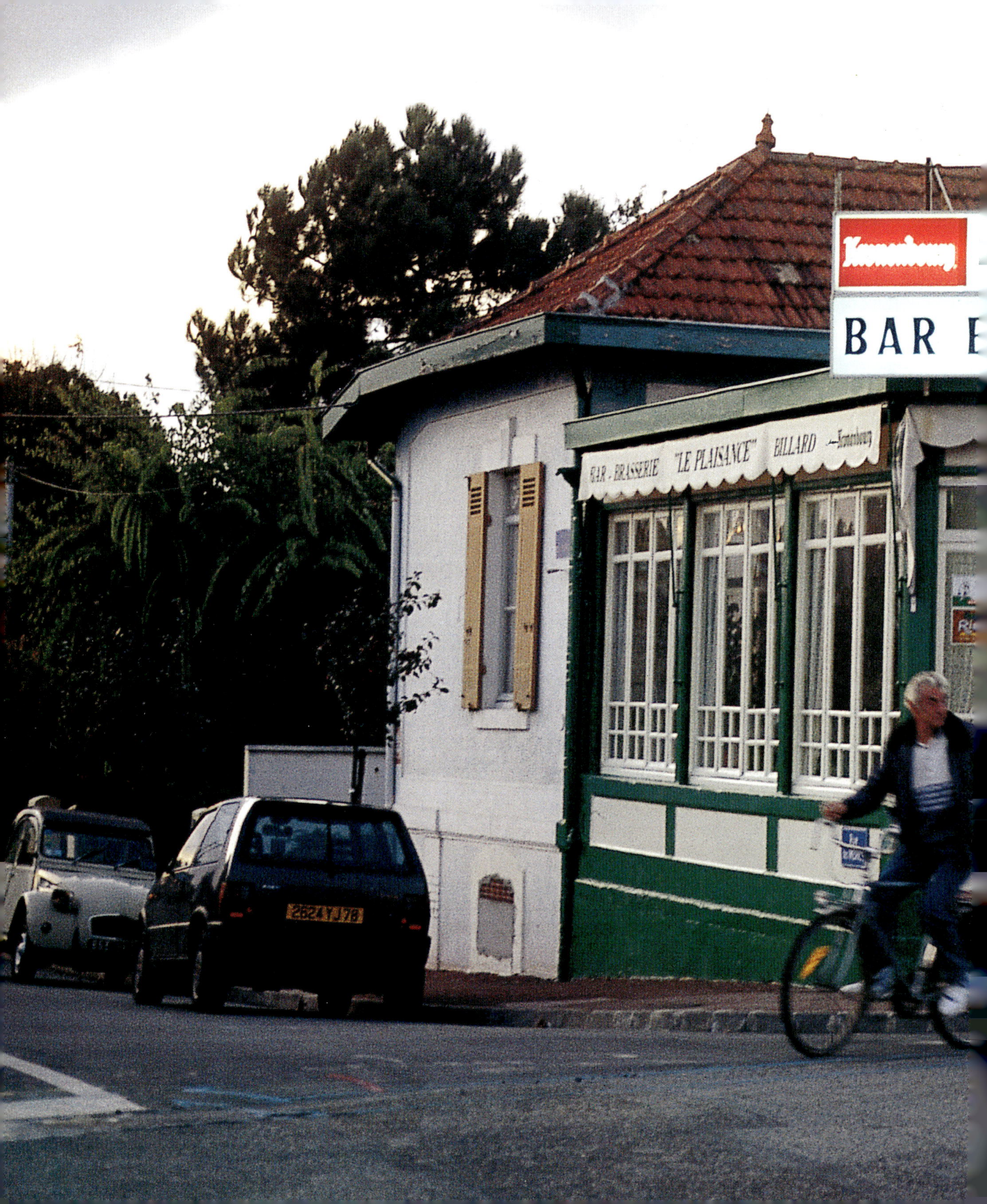
BAR
BAR - BRASSERIE "LE PLAISANCE" BILLARD

BAR · BRASSERIE "LE PLAISANCE" BILLARD · Tel.56.54.89.29

LE PLAISANCE

Des cafés et des lieux : le **Café du Port**, le village de Trentemoult ; la **Buvette du Wilson**, sur la rive du Rhône, à Lyon ; au du bassin d'Arcachon ; à Mers, sur les ga dans le jardin du Luxembourg, à Paris ; terrasse "branchée" de **La Palette Basti Café de la Fontaine** à Mirabeau ; **Chez Magne**, dans les Landes ; (*page de droite* **Le Ronsard**, à Paris, sous le Sacré-Cœu

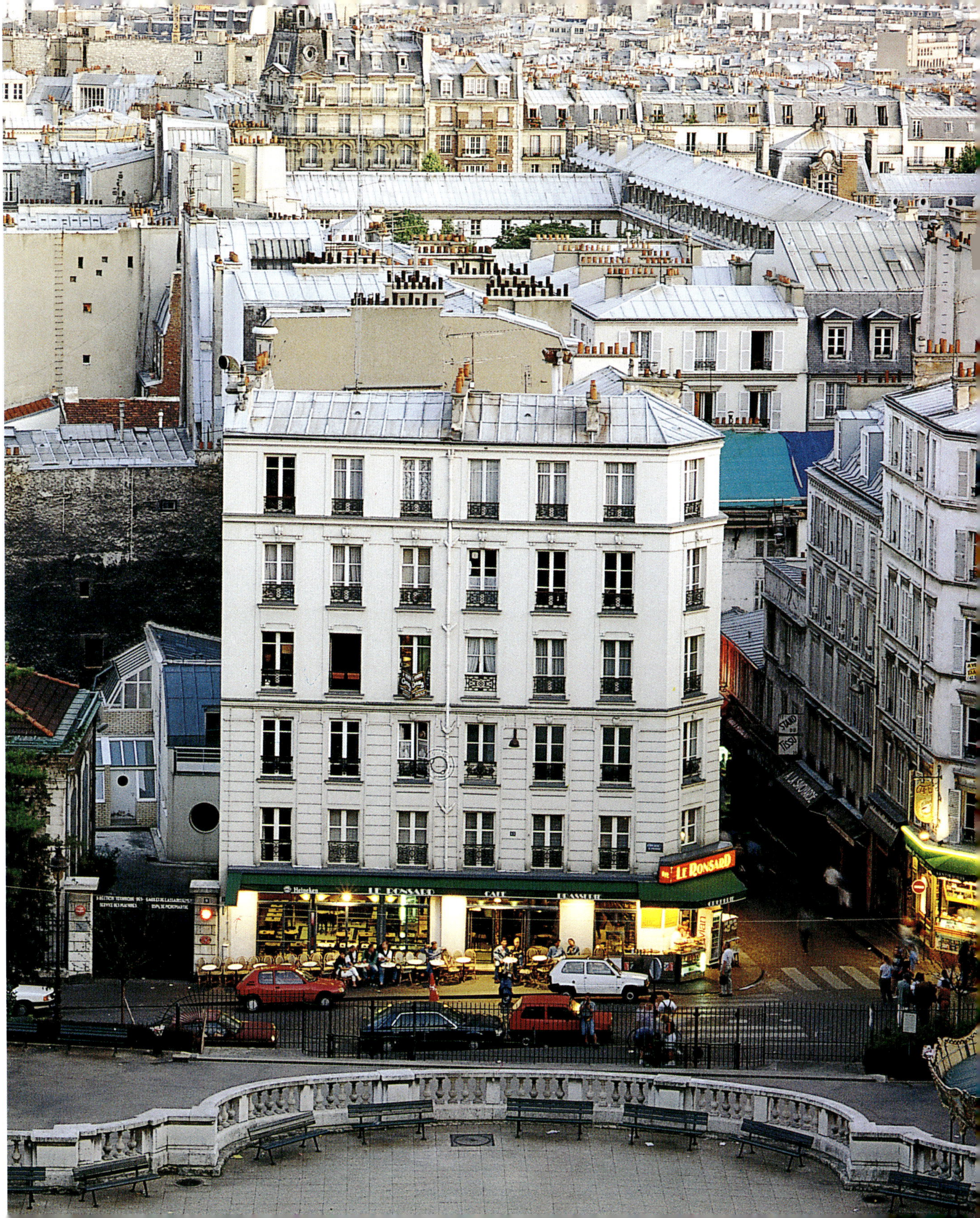
LE RONSARD
Heineken
LE RONSARD
CAFE
BRASSERIE

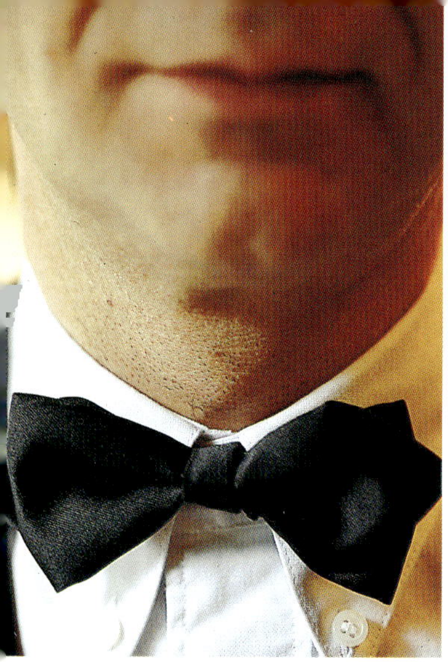
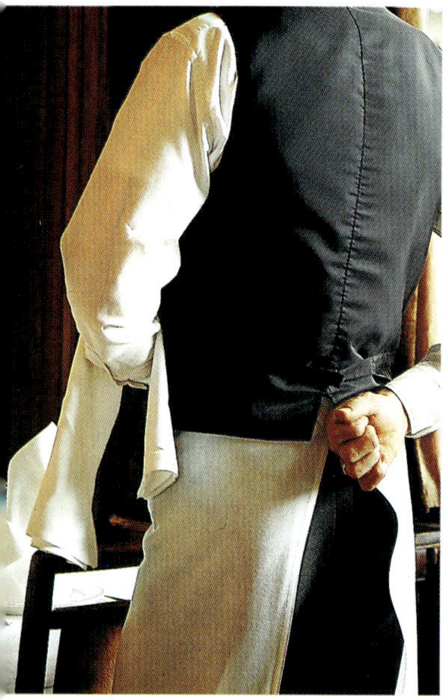
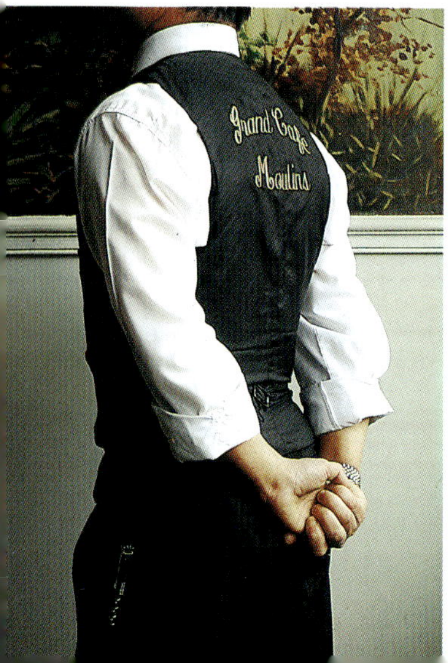
Grand Café
Moulins
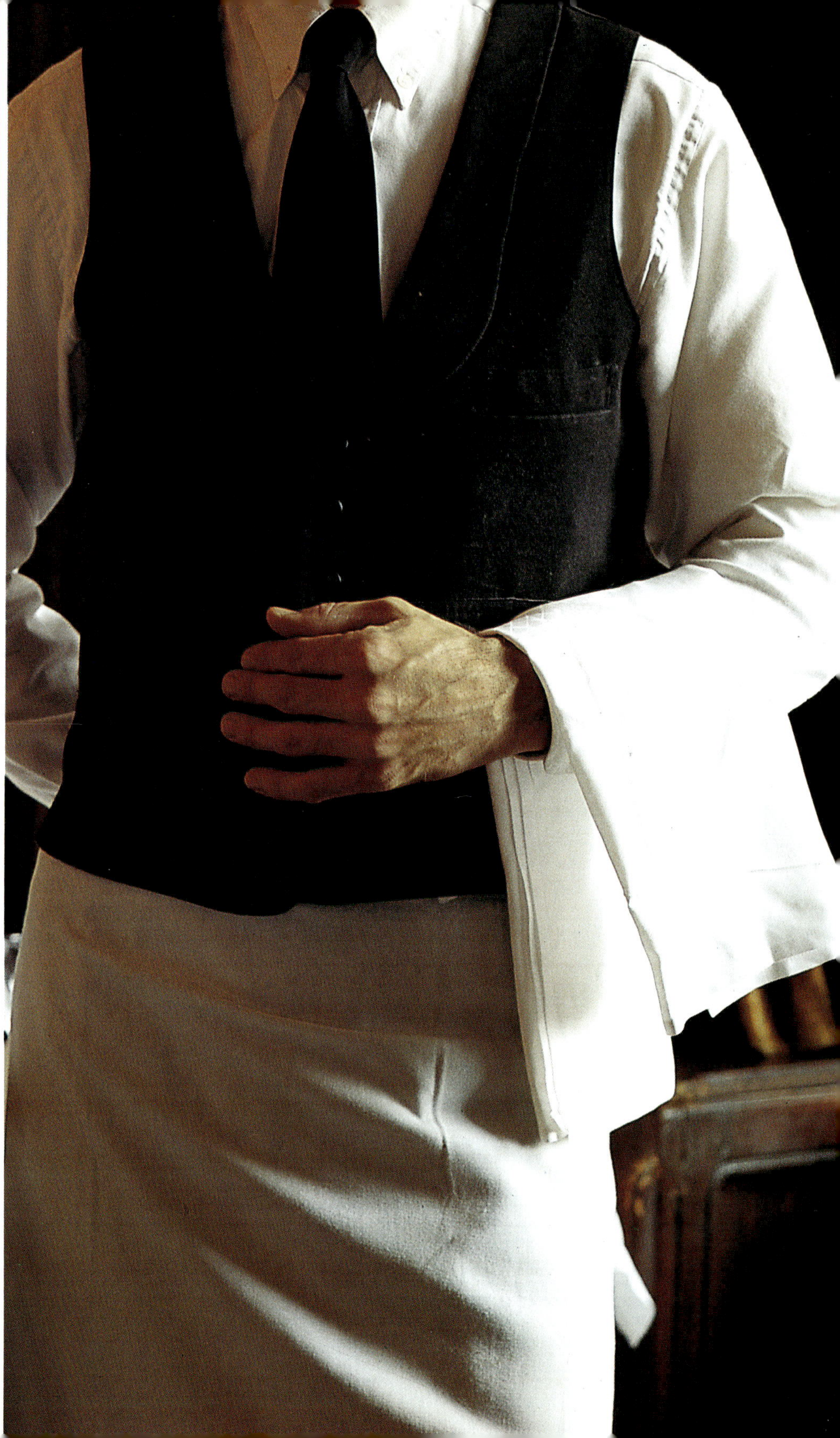

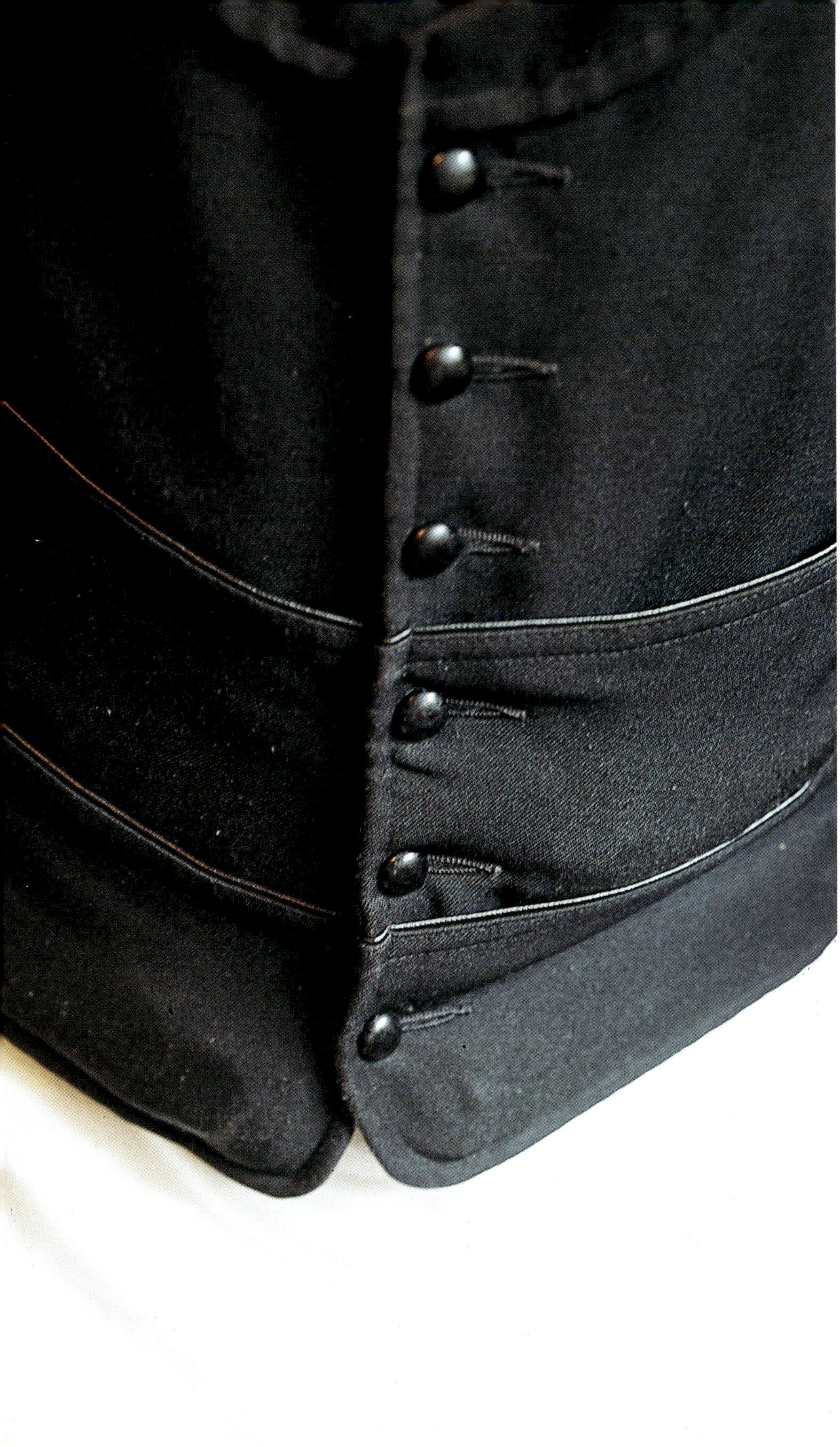
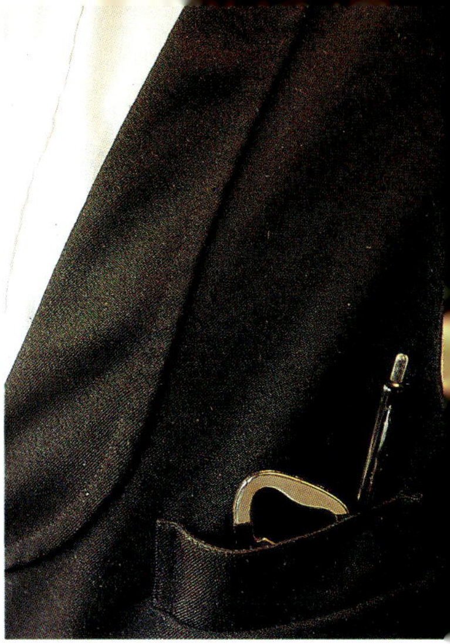
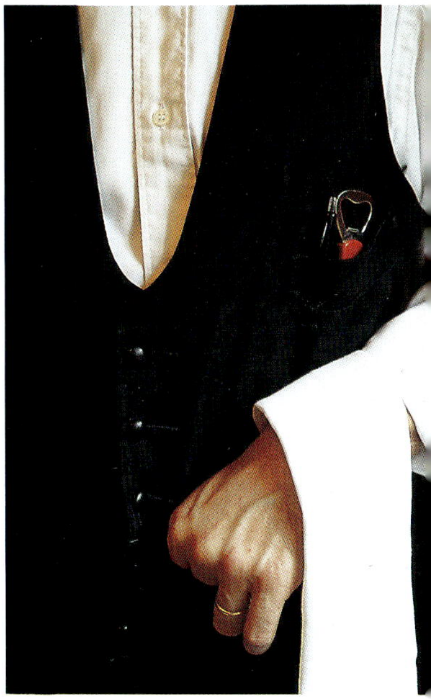
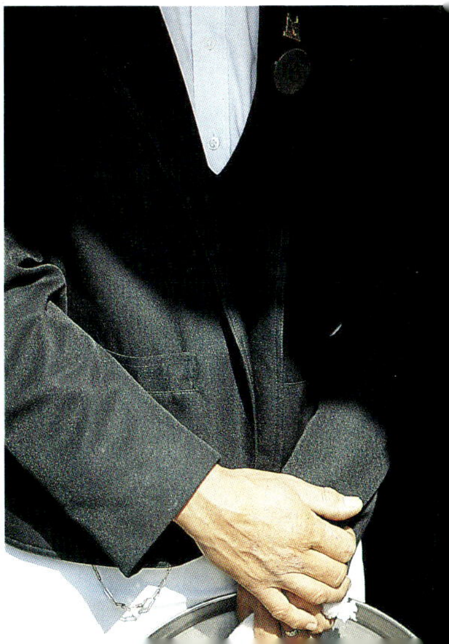

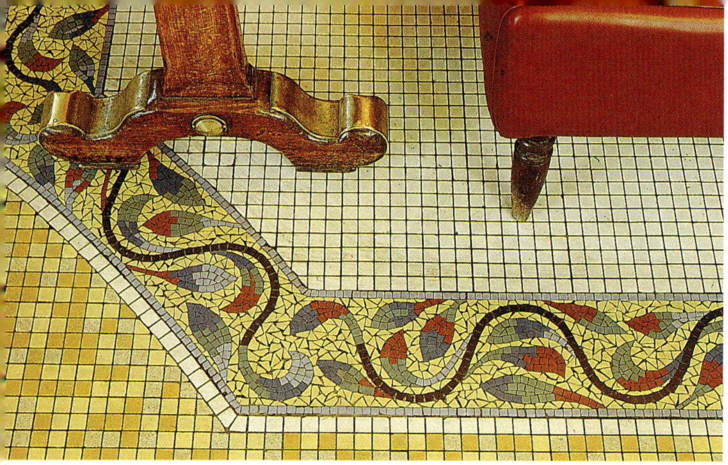
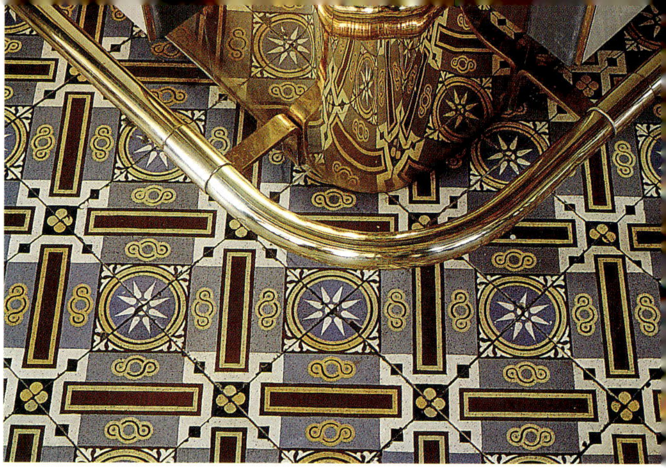
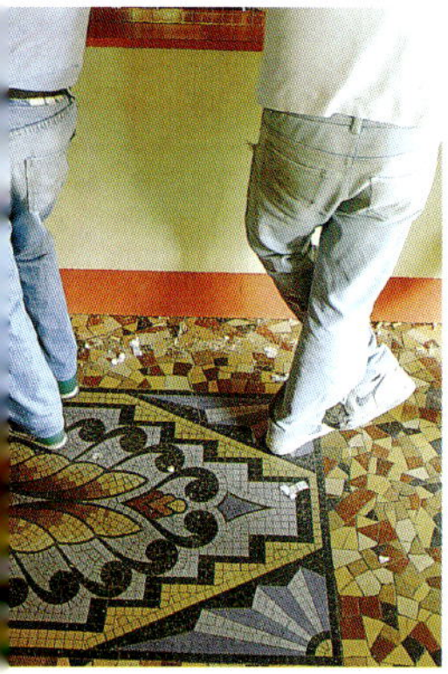
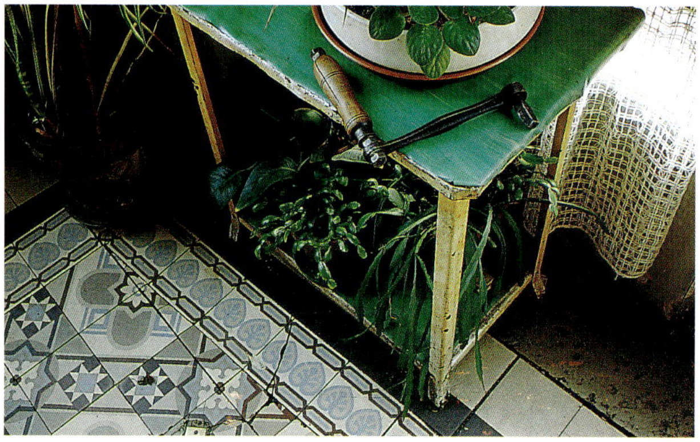
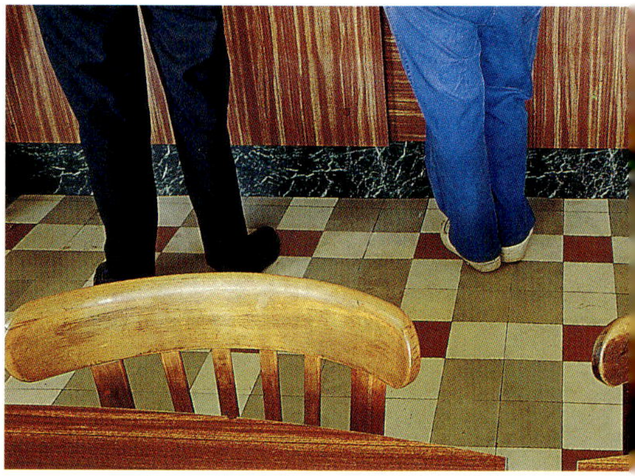
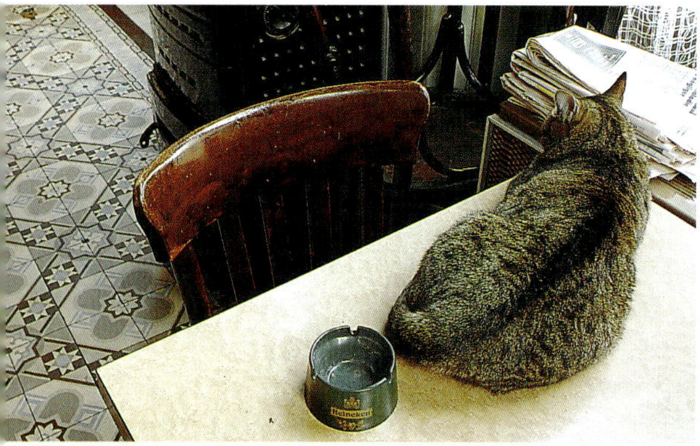
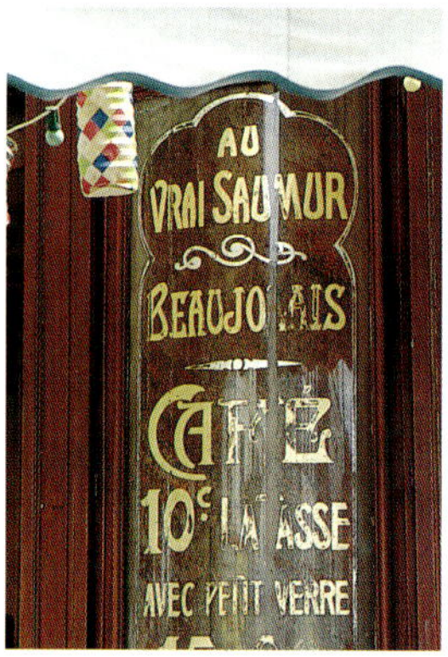
AU
VRAI SAUMUR
BEAUJOLAIS
10c LA TASSE
AVEC PETIT VERRE
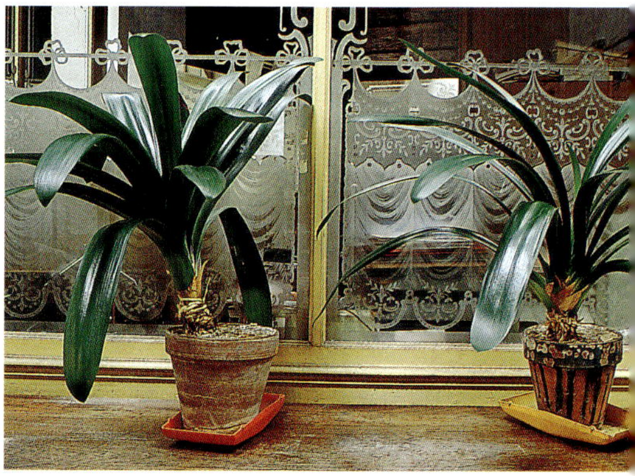
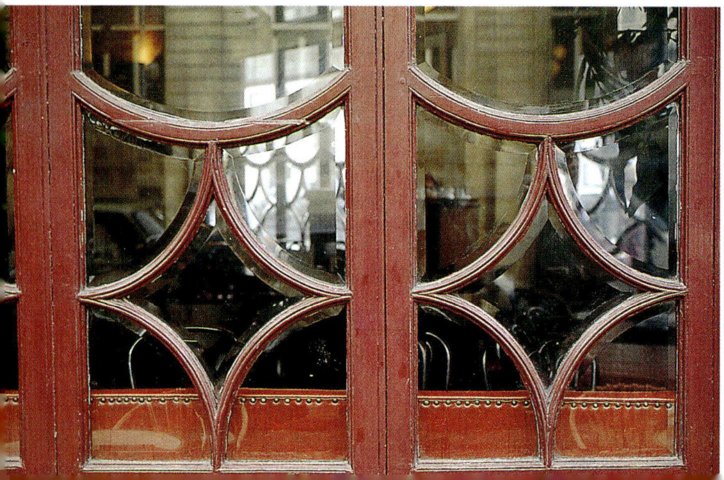
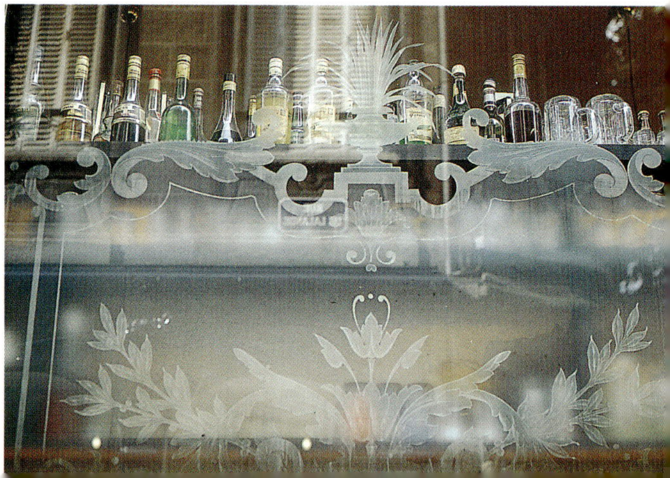

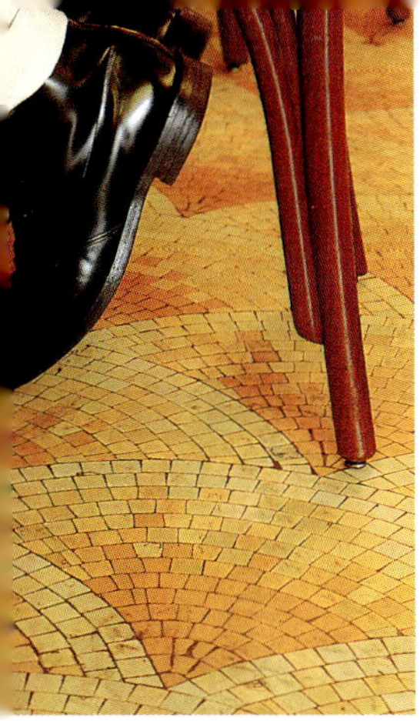
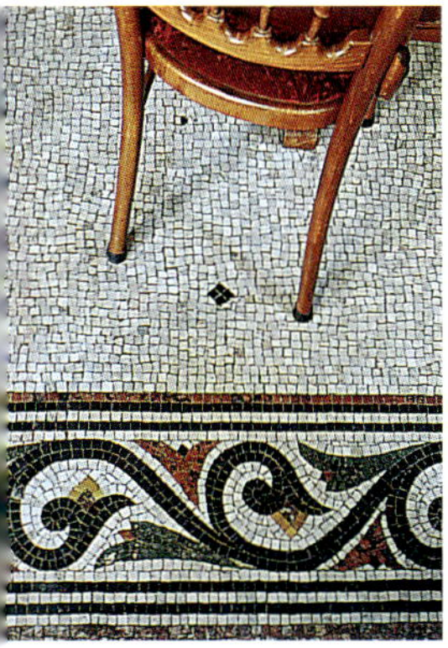
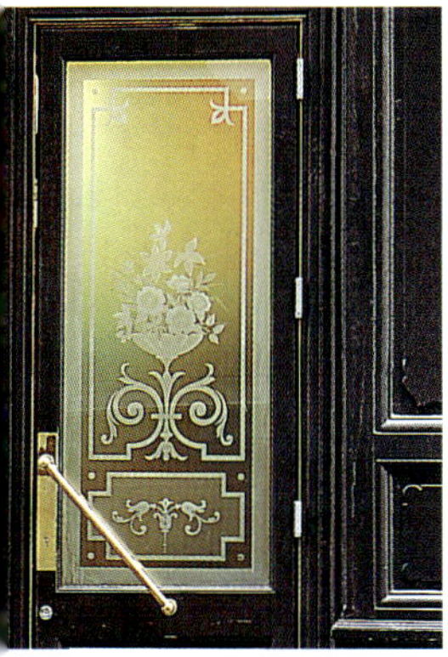
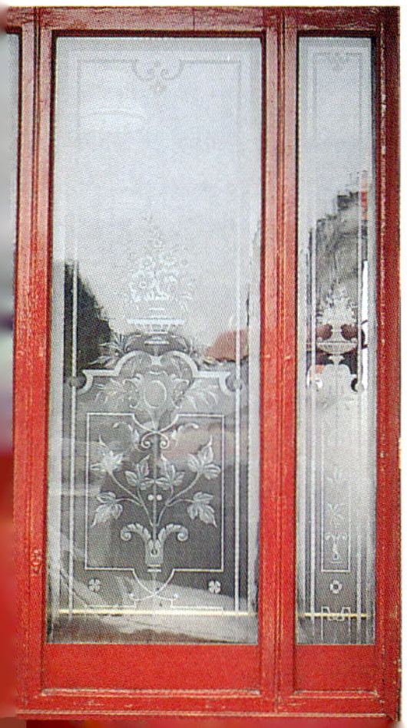
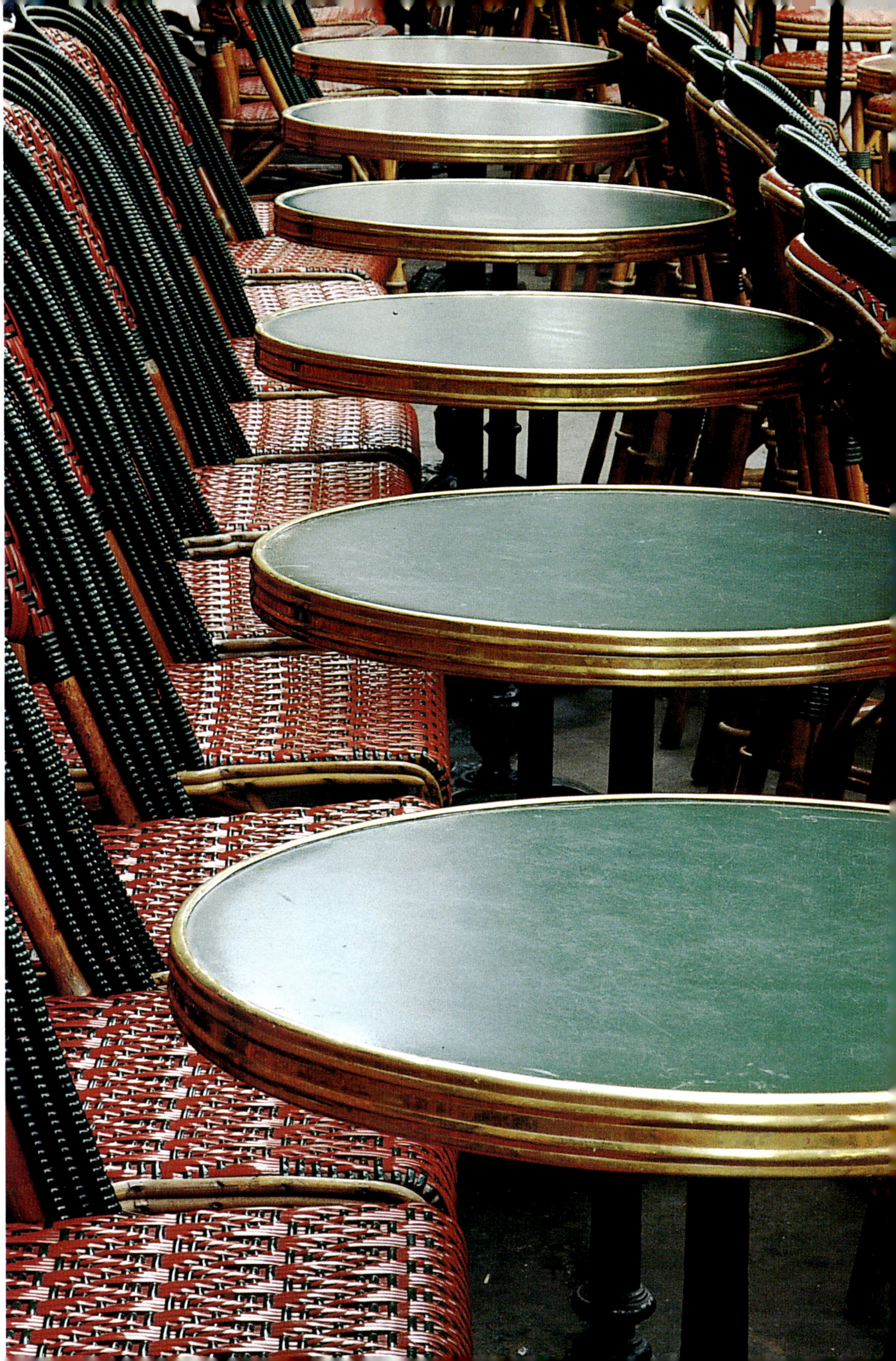

A J.-J. B.

CONCEPTION GRAPHIQUE : MICHAEL TIGHE

Tous droits réservés. Toute reproduction, même partielle, de cet ouvrage est interdite. Une copie ou reproduction par quelque procédé que ce soit, photographie, microfilm, bande magnétique, disque ou autre, constitue une contrefaçon passible des peines prévues par la loi du 11 mars 1957 sur la protection des droits d'auteur.

© 1994 Thames and Hudson Ltd, Londres, et Thames & Hudson S.A.R.L., Paris

© 1994 Texte Marie-France Boyer
© 1994 Photographies Thames & Hudson S.A.R.L., Paris

Page de faux-titre : **Le Brin de Zinc**, rue Montorgueil, à Paris.
Page de titre : **La Cigale**, à Nantes.
Sommaire : Le **Café de Flore** à Paris, **Les Deux Garçons** à Aix-en-Provence, le **Bar Cursichella** à Marseille, une terrasse sous les platanes à Tanneron, dans le Midi de la France, et le **Café Costes** aux Halles.

SOMMAIRE

16
PIECES A VIVRE

20
L'AGE D'OR

42
CAFÉS DE QUARTIER

60
CAFÉS DES ARTS

70
A LA CAMPAGNE

92
DE STYLE EN STYLE

106
CAFÉS-CULTE

♦

GUIDE

Le café : voici trois cents ans que nous avons adopté cette boisson venue d'ailleurs. Elle a donné son nom à un lieu qui nous semble aujourd'hui plus français que nature, même si on buvait déjà du café au début de l'hégire à la Mecque. Comment définir un café aujourd'hui? Il y a des cafés-restaurants, des cafés-tabac, des cafés-bars, des cafés à billard, des cafés orphéon, des cafés qui vendent des sandwiches, des plats du jour, des timbres, du tabac, des chewing-gums... Avec leurs multiples fonctions, ils ont tous des physionomies, comme aurait dit Balzac, différentes. Seul point commun : tous doivent afficher "la licence IV", vignette ovale bleu-blanc-rouge portant un numéro autorisant son propriétaire à servir de l'alcool à toute heure. Parfois très discrètement collée en haut d'une vitre, elle est le seul moyen pour le passant d'identifier ce qui est tout de même un lieu public. Derrière la porte,

PIÈCES A VIVRE

une épicerie minuscule, doublée d'une "salle", vous attend, sur le bord d'une départementale, et invite tout un chacun à y entrer. Les Français ne vont pas toujours au café pour boire : on y entre pour téléphoner, acheter des cigarettes, attendre un rendez-vous, guetter, "draguer", être vu, passer le temps, travailler, jouer, déjeuner, lire, s'abriter, soulager un besoin naturel, s'enivrer, pour être avec ses semblables ou à l'opposé pour les fuir. C'est l'un des rares endroits de notre civilisation urbaine où l'on puisse encore communiquer, ou rêver de le faire : car il y a toujours moins de foires, moins de marchés, moins de messes, moins de fêtes, mardi gras et le 14 juillet ne sont plus ce qu'ils étaient... Les quelques espaces de rencontre qui nous restent se réduisent au métro et, de plus en plus, dit-on, à la librairie. Uniques en leur genre, les cafés demeurent un lieu de liberté privilégié. Un lieu ouvert où tout peut

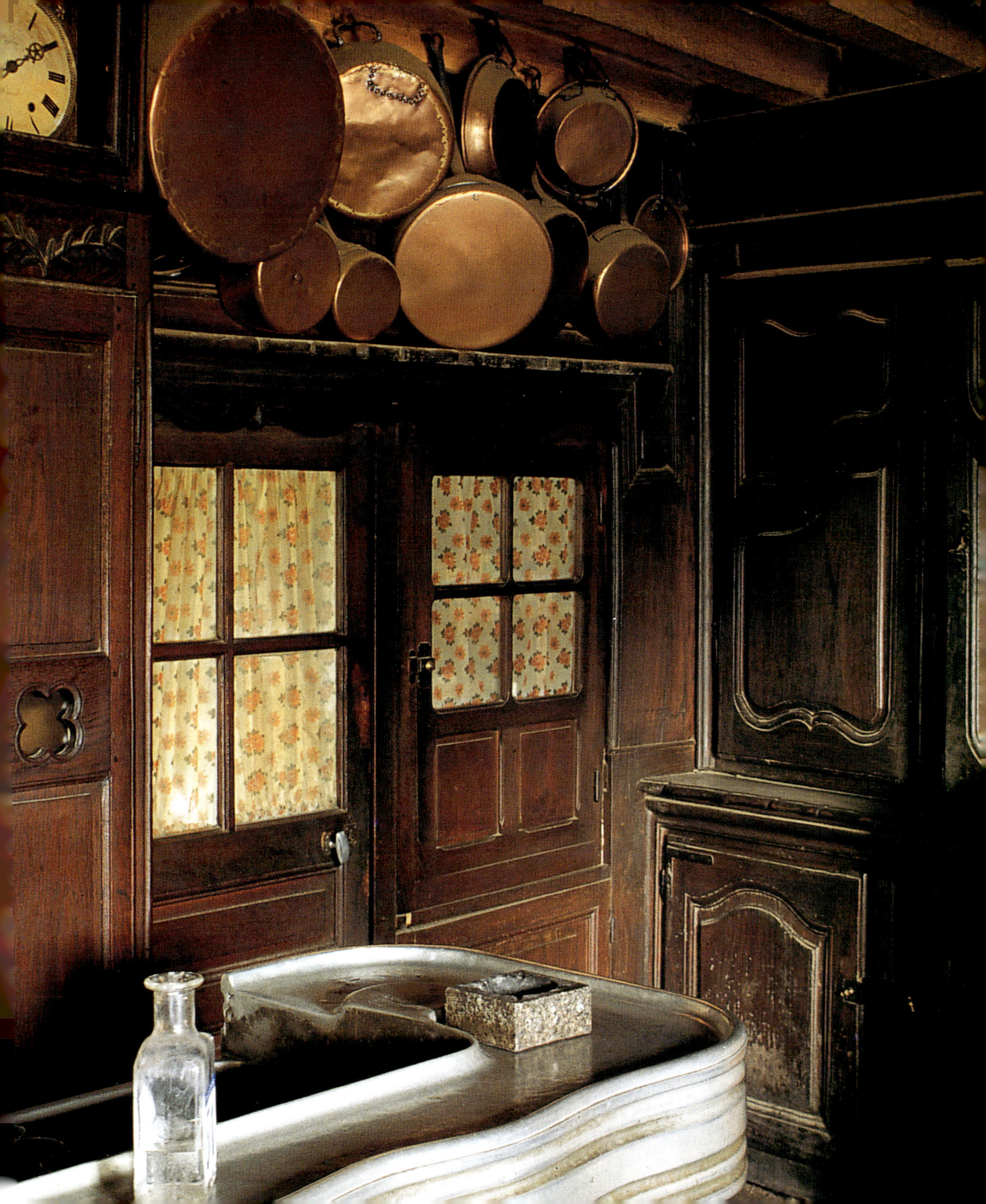

arriver. Pour le prix d'une tasse de café, on peut y rester... le temps qu'il faut. Dans les villages, on trouve parfois quatre cafés à un carrefour; six, huit ou dix à une porte de Paris : il y a le choix, et c'est la personnalité du patron, la clientèle que le lieu cristallise, son ambiance, son décor qui vont décider le consommateur. En revanche, dans les campagnes qui se désertifient, les cafés se font rares, mais, pour peu que l'on accepte de perdre son temps, on en découvre encore beaucoup dans les pays oubliés - le Perche, le Jura, le Massif-Central. L'ornementation de ces vieux cafés populaires fait souvent preuve d'une remarquable économie de moyens mais l'atmosphère qui s'en dégage est d'une grande poésie. Je me suis attachée à fixer dans ce livre ce qui reste de ces architectures, de ces formes, de ces objets, de ces couleurs et de ces matières qui ont donné au café français son décor spécifique. Cela peut aller de la carotte en tôle qui mime la présentation du tabac à chiquer des premiers jours à la tasse en porcelaine à filet d'or, en passant par le cendrier 1950 et le sol en mosaïque Art déco. Mais le garçon lui-même n'est pas étranger au décor, surtout lorsqu'il porte le gilet aux mille poches (chacune correspondant à une pièce de monnaie) et ce tablier qu'on appelle le "rondeau" parce que, tombant jusqu'à terre, il doit s'entourer littéralement à la taille. Le garçon est au café ce que le portier est à l'hôtel : un personnage très important. Sous Napoléon III, lorsqu'il passait commande, il hurlait "boum!", mais cette exclamation, hélas sortie de nos mémoires, est désormais remplacée par un "ça marche" ou un "c'est parti!" parfois seulement susurrés pour soi-même lors d'une élégante pirouette qui emporte le garçon et sa mission vers une autre tâche. Au café, le service est avant tout une question de style. Les cafés des XVIIe et XVIIIe siècles -

où le style régnait en maître - ont presque toujours disparu. Ils se sont transformés, ne laissant que des traces. Les décors s'y sont parfois superposés, créant des lieux hybrides. Ceux du XIXe siècle restent beaucoup plus présents, plus somptueux, aussi, car, du Second Empire au tournant du siècle, le café prospéra. A la campagne, en banlieue, dans les quartiers populaires, de nombreux cafés sont encore "dans leur jus", sombres, patinés par l'âge. A ces types bien distincts viennent s'ajouter des cafés qu'auront marqué des personnalités célèbres, artistiques ou littéraires, ou que distingue leur situation, à des points de passage obligés dans la ville. Parallèlement, de plus en plus souvent, les Monuments Historiques classent ou inscrivent à l'Inventaire de petits établissements sans gloire qu'on ne regardait même plus. Autant d'endroits dont le décor est essentiel et constitue le meilleur atout. Nombre d'entre eux auront du mal à survivre malgré toute la bonne volonté d'un nouveau propriétaire prêt à se lancer dans un travail de restauration : il faut beaucoup de culture, de savoir-faire, et l'on doit s'adonner à de longues recherches pour conserver à un style donné son authenticité. Parmi les réussites dans ce domaine, citons Le Pigalle à Paris, La Cigale à Nantes ou le Café des Négociants à Lyon. Chaque époque a son style et son goût : les bourgeois tentent de reconstituer leur salon, les ouvriers, leur "salle". Les Deux Garçons à Aix-en-Provence, avec leur décor consulaire à filet d'or, et la petite salle du café du Massif-Central avec sa toile cirée cerise, pôles opposés des images qui composent ce livre, ne sont pas seulement séparés par la durée (pas moins de deux cents ans), ils reflètent aussi différents états de la société, et déploient tout un spectre de notre histoire dont nous voudrions montrer au long de ces pages l'extraordinaire richesse et la variété.

Page 17 : Un ancien relais de poste dans le Massif Central.

Pages 18-19 : Dessin extrait d'un vieux catalogue des établissements Antoine Berc, fournisseur de cafés installé près de la Bastille depuis 1892.

Ci-contre : A Nancy, le **Grand Café de Foy**, mais aussi le Café du Commerce, avec ses lustres en cristal et ses angelots joufflus, donnent sur la place Stanislas, dont les grilles XVIIIe furent créées par Jean Lamour.

A la fin du XVIIe siècle, vingt ans après que le Grand Turc eut gratifié Louis XIV d'un envoi de café, le Sicilien Francesco Procopio comprit le pouvoir d'évocation de cette boisson. Il eut l'idée de la diffuser, de créer un lieu étincelant de miroirs, de lustres, de marbres et d'ors. Il démoda en même temps le cabaret qui avait mauvaise réputation. Il créa un endroit convenable : les élégants l'adoptèrent immédiatement. Les nombreux cafés qui s'ouvrirent au XVIIIe siècle entre le Jeu de Paume et la Comédie-Française, surtout au Palais-Royal, restèrent cependant l'apanage des privilégiés, des aristocrates, des groupuscules intellectuels et surtout politiques. A cette époque les salles de café reproduisaient les salons élégants : tables de marbre, lambris gris, vert ou crème décorés de fixés sur verre historiés, comme au Grand Véfour, l'ancien Café de Chartres. En 1780, *L'Année Littéraire* déclare : "Cette jeune architecture paraît jouir de sagesse

L'AGE D'OR

et d'invention : il est certes singulier qu'un café porte l'empreinte du vrai goût..." A Aix-en-Provence, Les Deux Garçons (souvenir des garçons de café qui rachètent l'endroit au XIXe siècle) est l'exemple le plus fidèle de cette époque. On dit que Cézanne aimait y boire le Rinquinquin, à base de pêche, en compagnie de son ami de collège, Emile Zola. Lui ont succédé Churchill, Jean Cocteau, Mistinguett, Louis Jouvet, Delon ou Belmondo. C'est un passage obligé même si les Aixois le boudent un peu... Après la Révolution qui détruisit beaucoup de décors, à Paris on abandonne le Palais-Royal pour les Grands Boulevards et sous Napoléon III, Haussmann bouleverse la géographie parisienne, Offenbach et les crinolines divertissent la ville. Les nouvelles techniques vont permettre à la physionomie du café d'évoluer. L'arrivée du gaz - c'est-à-dire d'innombrables tuyaux - se traduit bizarrement par une abondance de stucs dissimulateurs et de plafonds à caissons, incluant des toiles peintes. La chimie des couleurs les rendra moins éphémères ; et la technique du pochoir, tout en les simplifiant, permettra d'en abaisser les coûts. Importé d'Italie, le stuc, mélange de chaux, de marbre et de sable incluant de la caséine, cède peu à peu le pas au "carton pierre" (papier, colle et matière dure), puis au staff composé de pâte à mouler et de fibre végétale, facile à exécuter et bon marché. L'Exposition Universelle de Paris, en 1878, voit l'éclosion de la céramique industrielle, que produisent essentiellement trois maisons aux succursales répandues dans toute la France : la fabrique Boulenger à Choisy-le-Roi, celle de Sarreguemines et celles de Creil et Montereau. La gaîté et la facilité d'entretien de ce matériau le destine au décor des cafés : les céramiques y composent d'immenses fresques. Ce type de décor dura jusqu'à l'aube de la Première Guerre mondiale, même dans les cafés populaires. Les sujets s'inspirent du début du XVIIIe siècle (Watteau, Boucher...) avant de subir la marque du style Mucha, triomphe des femmes fleurs. Nombre de ces décors subsistent, mariant encadrement et cabochons Renaissance, guirlandes et noeuds Louis XV, d'une complexité inouïe. A Nantes, en 1895, La Cigale illustre bien "l'ivresse ornementale du moment", comme l'écrivent Gault et Millau. Beaucoup plus modestes, le Cochon à l'Oreille ou le Lux Bar évoquent la rue de Paris. On peut préférer à ces surfaces vernissées les palais de stuc : ces agrégats de meringue et de miroirs qui exhalent encore un parfum de fête sous leurs lustres à la Versailles. Appartiennent à ce type le Café des Négociants à Lyon (1870), le Bibent de Toulouse (1870), l'intérieur du Café de la Paix à Paris ou surtout le Grand Café de Moulins. "Ce n'est pas un café, c'est un temple, on croirait entrer dans un palais enchanté de Mille et Une Nuits, c'est un éblouissement tant le luxe de l'art est porté à ses limites", écrivait un journaliste de l'époque. A Bordeaux , le décor du Castan (1890), composé de fragments de grottes monumentales, est si extravagant qu'on ne saurait le classer. Les

Ci-contre et ci-dessous :
L'Excelsior, à Nancy. Le peintre Grüber initié par Daum a imaginé les fougères des vitraux de ce petit chef-d'oeuvre de l'Ecole de Nancy. Repris par les Brasseries Flo en 1986, il représente toujours un certain luxe.

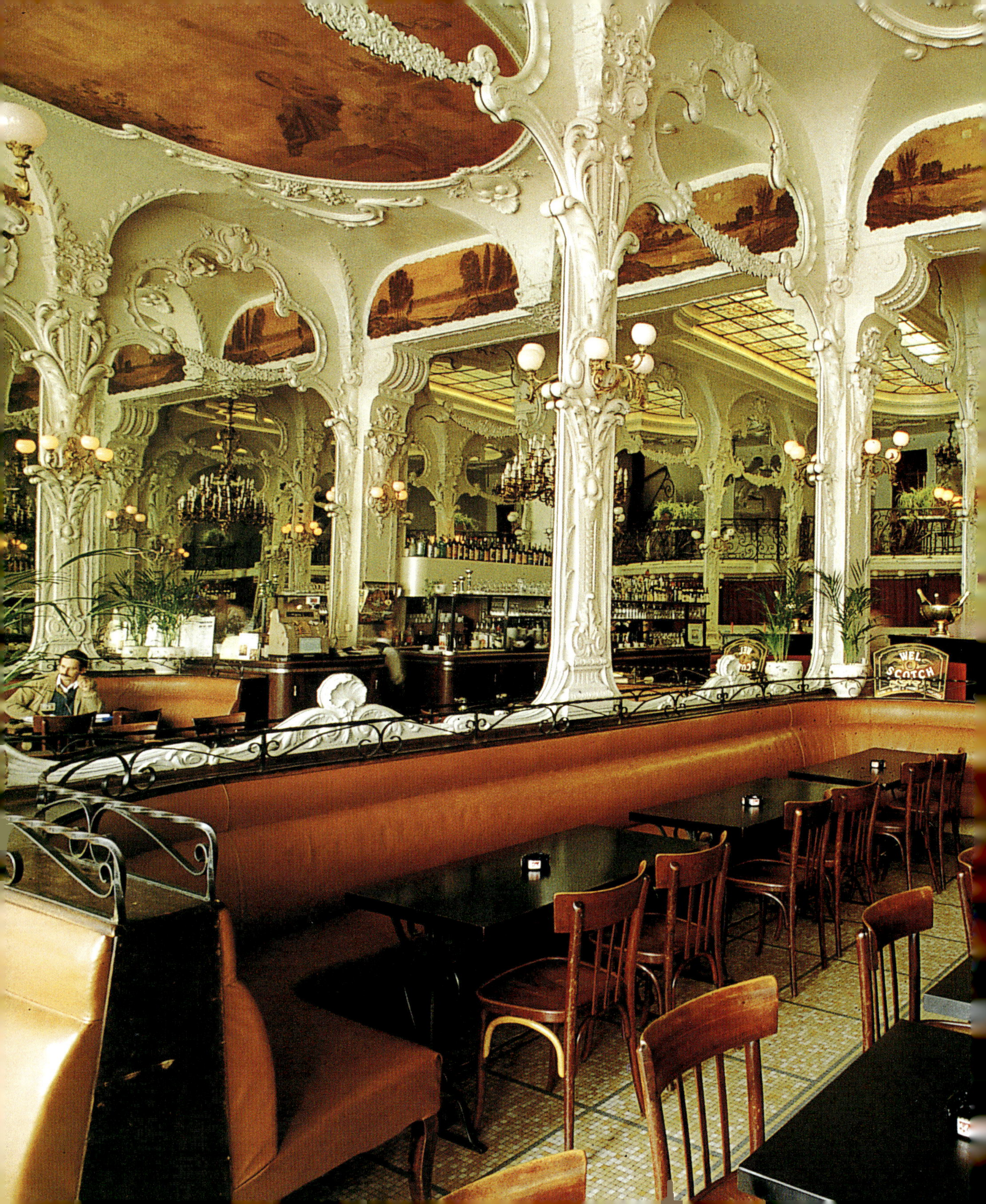
WEL
SCOTCH

Moulins, le **Grand Café**, 1899. Au centre de la ville, la Grande Halle aux Viandes a déménagé mais le Grand Café - 6m 50 de largeur, 6m 50 de hauteur pour 25 mètres de long - et son décor délirant, à la Pompadour, signé d'un Italien, Galfione, étire toujours ses reflets multipliés vers l'infini sous un lustre digne de Versailles.

Le **Grand Café**, Moulins.
René Fallet et son copain Georges
Brassens, Coco Chanel, Bobby
Lapointe sont passés par là. "Tous
les politiques" qui font campagne
s'y arrêtent. A l'heure actuelle,
l'endroit fait brasserie et organise
des concerts le samedi
soir sur sa loggia théâtrale.

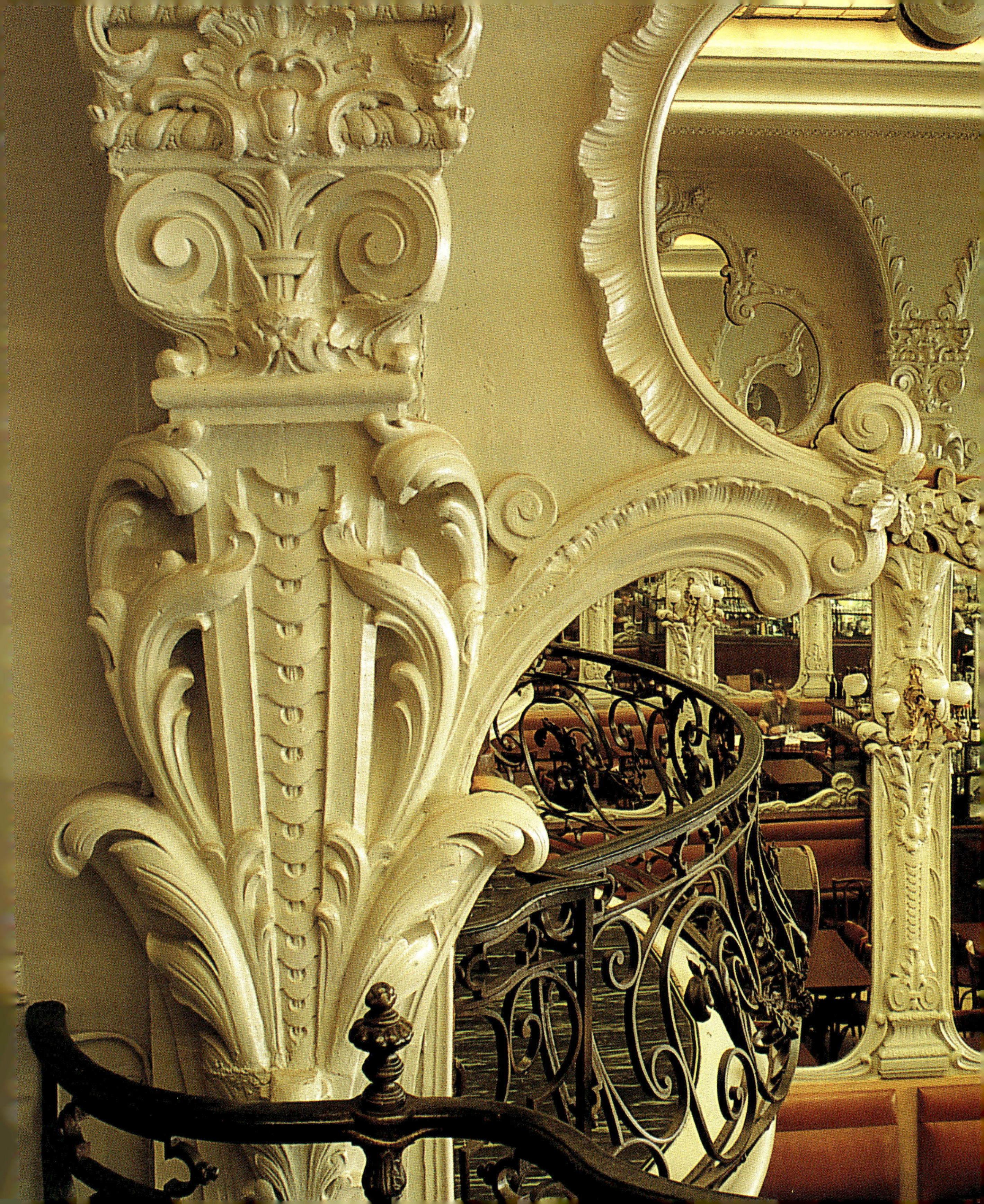

architectes à succès Luthereau et Duval connaissent leur clientèle : "l'art doit être convié à toutes les fêtes, nous offrir des lieux splendides où promener nos ennuis, nos flâneries". Ils offrent le luxe et l'esbroufe, un cadre théâtral qui met en valeur bourgeois et nouveaux riches. En 1850, loin encore de la créativité de l'Art Nouveau, on est sous le coup de l'éclectisme, de la reconstitution des grands moments esthétiques : on invoque pêle-mêle l'Alhambra de Grenade, Herculanum, les pyramides, Constantinople. Ces formes à peine découvertes restent nouvelles, et ce sont les sempiternels motifs mauresques, égyptiens, néoclassiques ou turcs que l'on enchâsse ingénument dans les architectures intérieures Renaissance ou versaillaises. Avec l'arrivée des brasseries allemandes dans la seconde partie du XIXe siècle les miroirs, les cristaux disparurent au profit du bois, du cuivre et du capiton. Des bouquets géants jaillissaient du centre des pièces, et les "accortes servantes" n'hésitaient pas à rendre sans façon quelques services rémunérés. Dans la salle de la brasserie L'Enfer, elles étaient même costumées en Eve avec des peaux de serpent. Mais la mythologie germanique de ces brasseries, avec le gros roi "Gambrinus" et sa bière, "ce poison allemand" (*Le Temps*), irrite : la guerre de 1870 n'est pas loin. Le décor va évoluer vers "l'Alsacien" tout d'abord, puis vers "le Français" : le Buffet de la Gare de Lyon, dû à l'architecte Toudoire, répète à une échelle monumentale les luxes et les tics qui résument cette époque en choisissant une métaphore bien française : une invite à partir sous les pins parasol de la côte d'Azur. Avec l'Excelsior à Nancy s'annonce en 1911 une période plus créative. Daum dessine les pâtes de verre des appliques et des lustres, Majorelle le mobilier, Grüber les vitraux. En créant un café, ils vulgarisent un style jusque-là réservé aux amateurs. Aux valeurs sociales s'ajoutent désormais des connotations culturelles qui resteront associées au café, et se développeront surtout entre 1920 et 1970. Le café est devenu une vitrine exposant un nouvel art de vivre.

Le **Castan**, à Bordeaux, regrette le temps où l'on venait s'y rafraîchir sitôt débarqué. Il lui reste ses grottes pailletées, ses aquariums et ses marines en céramiques de chez Boulenger à Choisy-le-Roi : tout cela s'organise autour d'un immense pilier en forme de palmier qui soutient l'édifice, dont la splendeur n'est plus ce qu'elle était.

La Bourgogne, place des Vosges à Paris. Le soleil arrive le matin sous les arcades de ce qui fut autrefois la place Royale. Les femmes fument le cigare et les hommes ont des labradors. La Bourgogne est un café-tabac-restaurant et bénéficie encore d'un élégant service à l'ancienne.

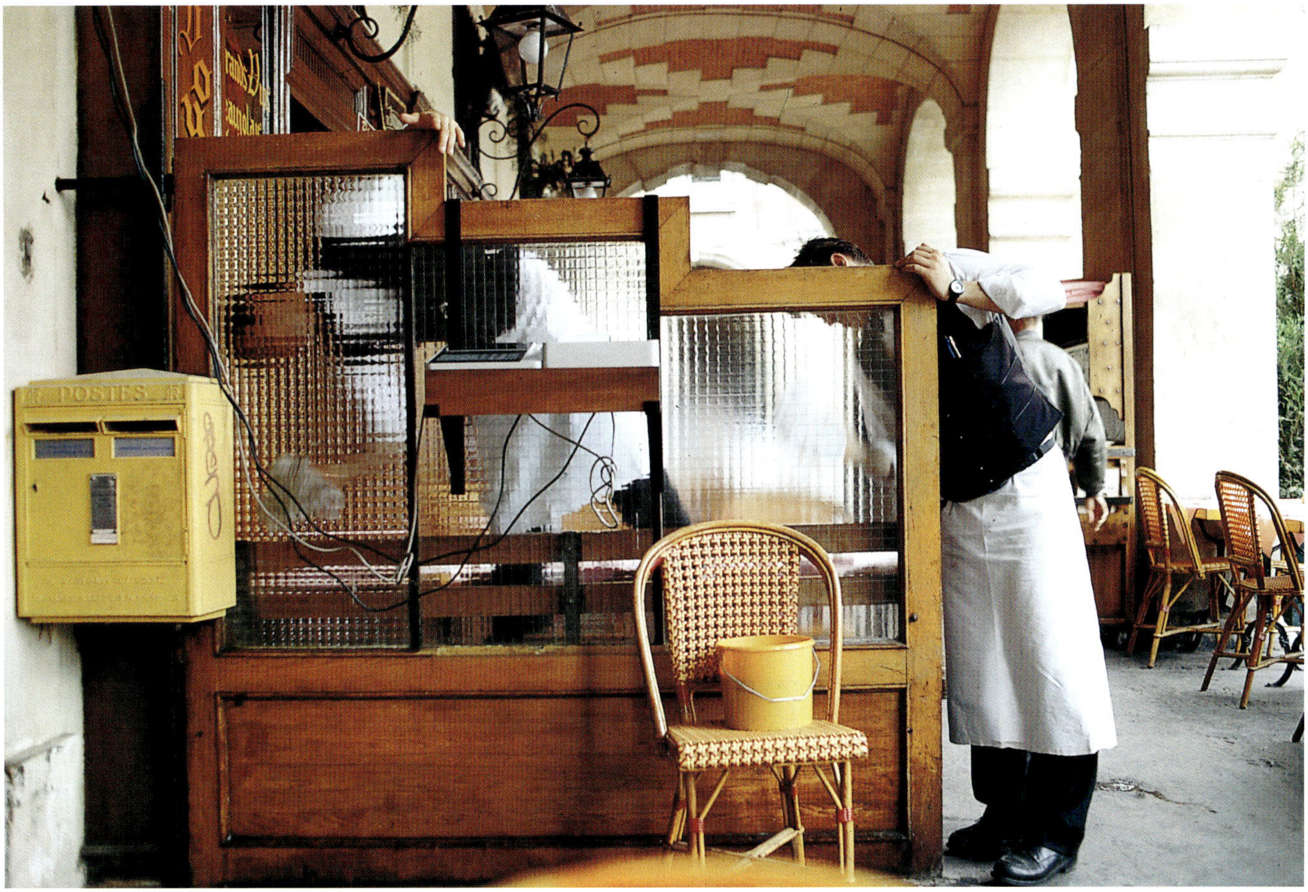
POSTES

Les Deux Garçons, sur le cours Mirabeau à Aix-en-Provence. Décor consulaire de 1792, crépi ocre et marquise en fer forgé : un café, à l'ombre de platanes centenaires, d'où une pléthore de mélomanes venus assister au célèbre festival ont fait connaissance avec la Provence.

CONS

1792

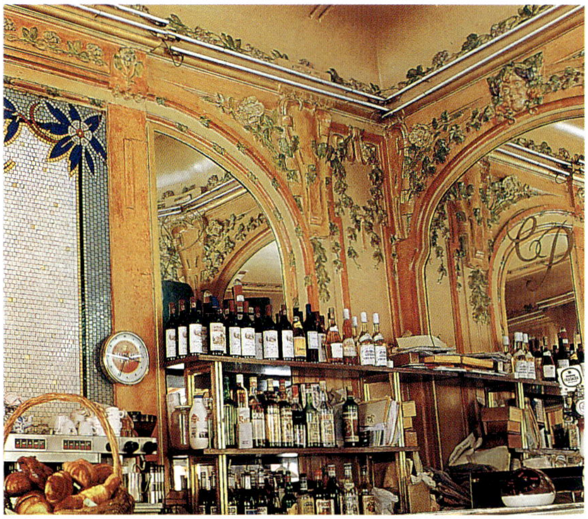
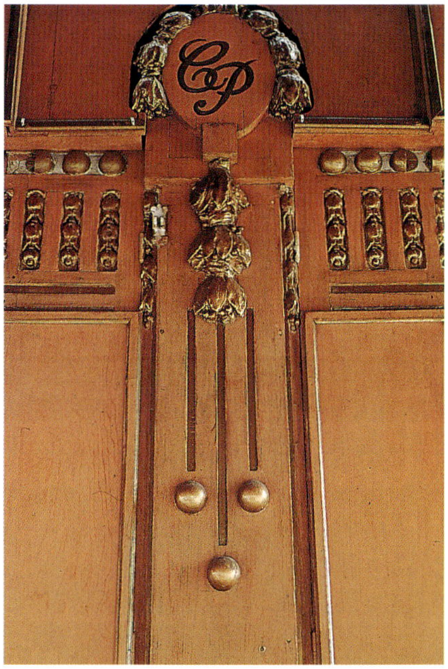
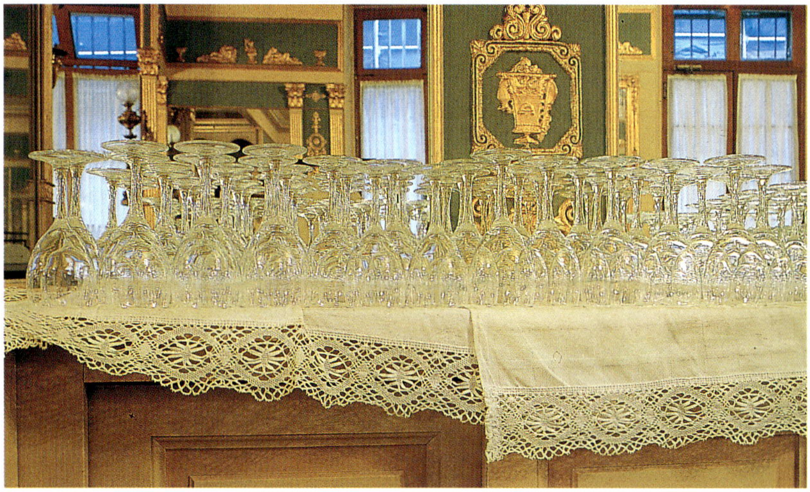

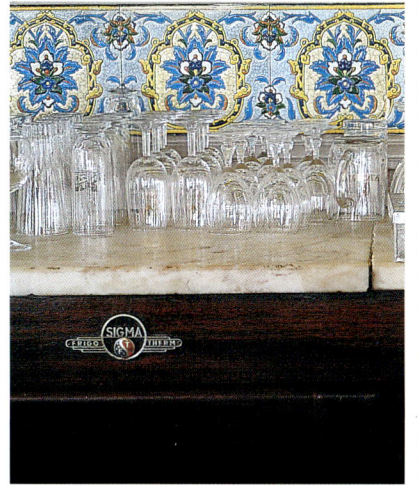

Page 34, en haut : Le **Café Parisien**, à Marseille, garde le souvenir de sa grandeur passée. *En bas* : Le décor XVIIIe des **Deux Garçons,** à Aix-en-Provence, alterne urnes, palmettes et brûle-parfums pompéiens.

Ci-contre : L'Hôtel de Nantes à Bordeaux, désormais **Café de la Belle Epoque,** donnait sur les quais de la Garonne aujourd'hui obstrués par des entrepôts. Devenu café-restaurant, il a néanmoins conservé son décor de céramique néo-Renaissance japonisant, signé J. Vieillard (1865).

A Lyon, le **Café des Négociants**. Entre Rhône et Saône, dans le quartier des Cordeliers, à deux pas de la place Bellecour, cet élégant café propose un plat du jour mais n'a pas de bar. On y croise des voyageurs du monde entier, des intellectuels et les commerçants du coin.

Au **Café des Négociants** (qui a été racheté par un célèbre sportif lyonnais), les garçons portent tous le "rondeau"; les lustres à cinq globes sont d'époque comme les porte-manteaux à huit branches ; moulures crème, banquettes en skaï, cuivres parfaitement astiqués : un café exemplaire.

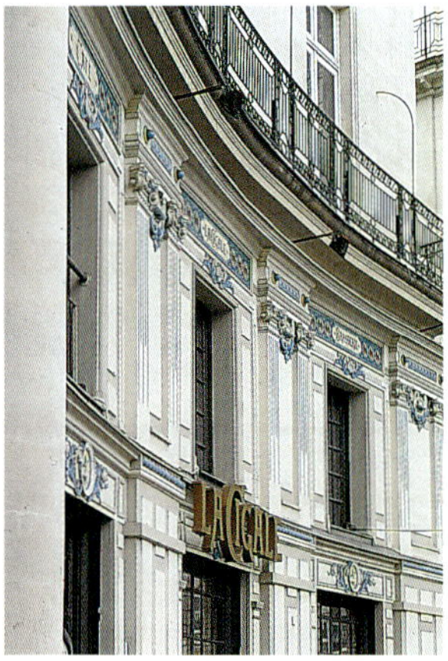

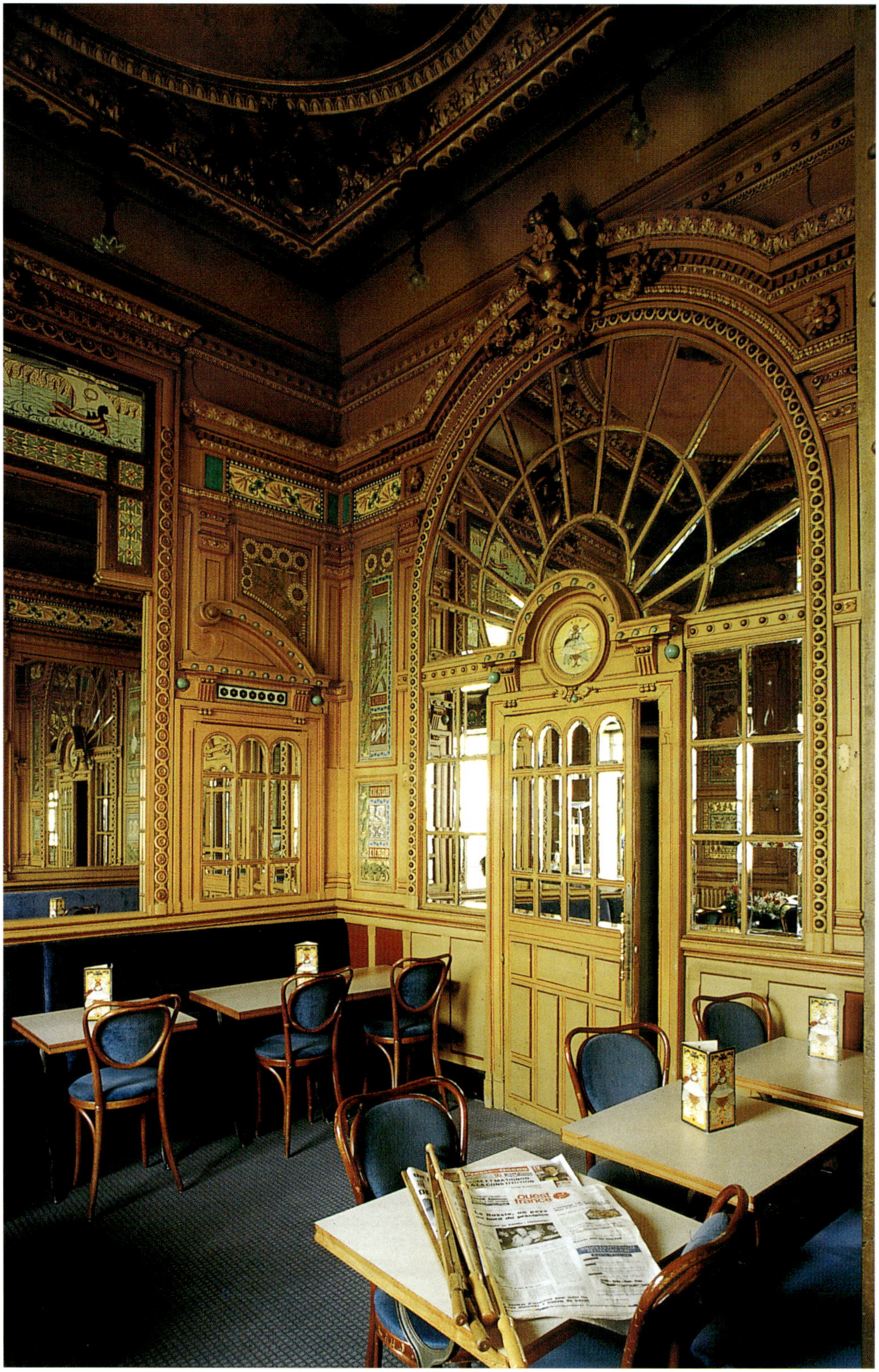
ouest france

Nantes, **La Cigale**. Créé en 1895 face au théâtre, essentiellement pour les soupers d'après-spectacle où les bourgeois venaient "avec leurs danseuses, leurs cocottes et leurs théâtreuses", c'est cent ans après un café moderne et vivant. Sur le thème de la cigale qui chante tout l'été et reste synonyme de gaîté, le décor de l'endroit mêle toutes les techniques, tous les styles, tous les genres. En 1961, Jacques Demy y tourna l'inoubliable *Lola*.

La Cigale : le Nantais Julien Gracq aime sa "bonbonnière de la Belle Epoque — avec ses arabesques de métro et sa ligne liane à la Capiello et à la Mucha". La salle du fond a conservé son extraordinaire papier peint d'origine (1895) en faux velours façonné ; il alterne avec les miroirs biseautés, les peintures, les moulures et les carrelages : Guimard, Horta, William Morris ont tour à tour inspiré Libaudière, Gaucher et Levreau, à qui l'on doit ce décor classé par les Monuments Historiques en 1964. Au plafond un sujet galant donne le premier rôle au serveur avec son "rondeau" parfaitement noué.

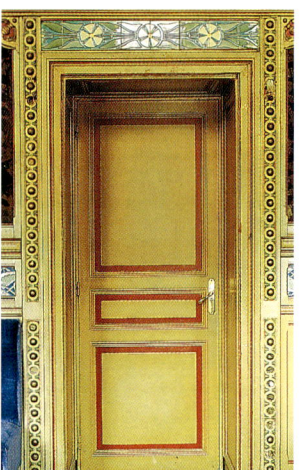

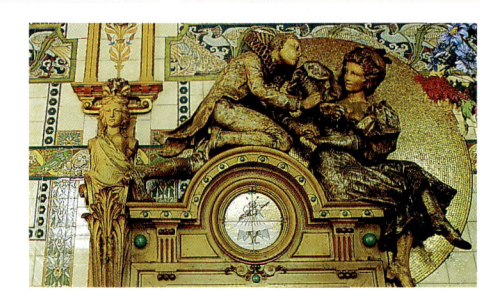

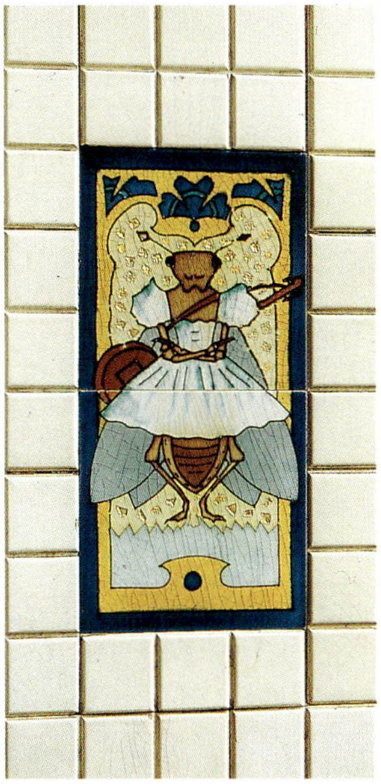
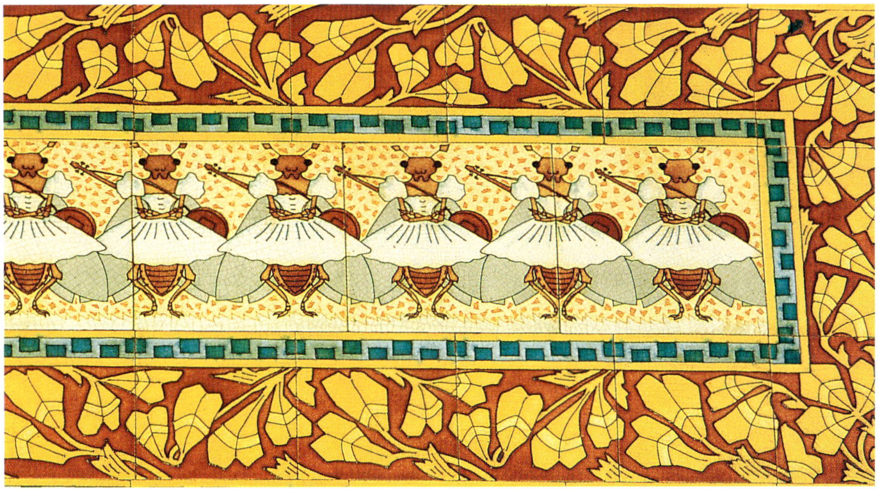
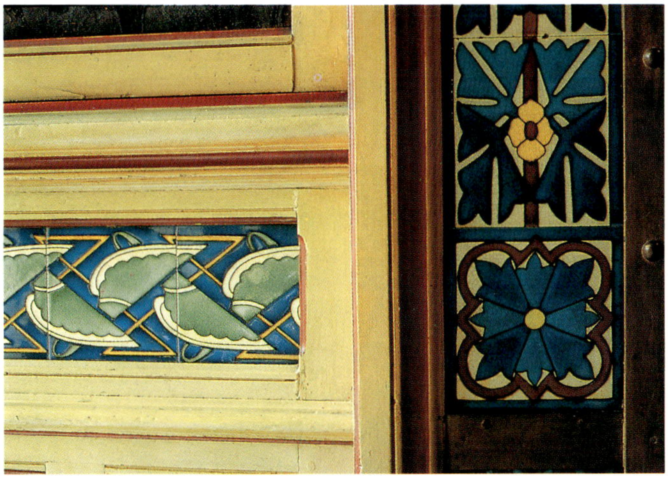
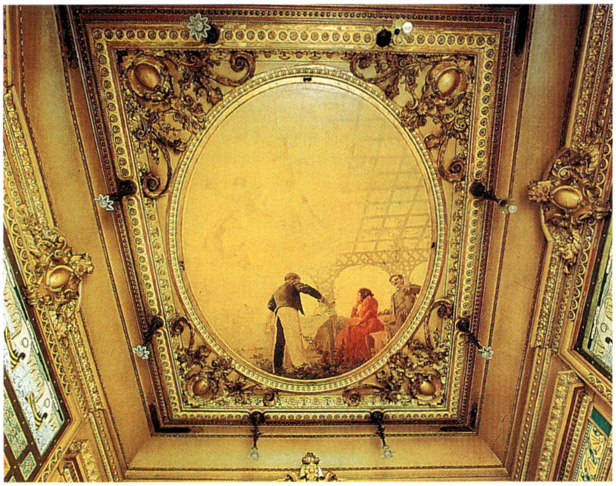
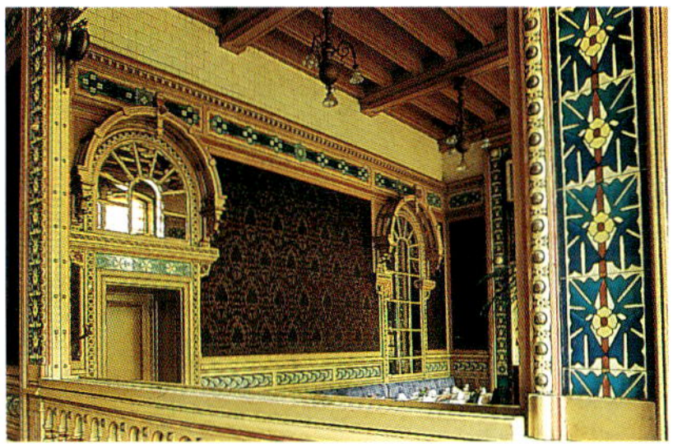

Le café populaire cherche à retrouver l'ambiance de la "salle" de ferme, lieu convivial comme le citadin aimerait en avoir chez soi, si la ville offrait plus d'espace. Ici, le bar prend la place de l'âtre : les plus beaux ont en général la forme d'un fer à cheval et peuvent occuper toute la pièce, comme c'est le cas du Petit Zinc, rue Vieille-du-Temple, à Paris. Les murs ont jauni ou bruni, à cause de la fumée ou des vapeurs de cuisine comme à la Tartine, rue de Rivoli. Les banquettes, traditionnellement rouges, sont en moleskine ; les tables en bois plus fréquemment qu'en marbre et en fonte. Les miroirs parcimonieux alternent avec de vieilles photos. La physionomie de ces endroits est parfois si brutale qu'on pourrait parler d'anti-décor : façade de trois ou quatre mètres de large, peinte en brun ou en faux bois, facile à entretenir; intérieur sombre; bar en Formica mimant le bois comme les tables miment le marbre; seul luxe, parfois,

CAFÉS DE

le billard de l'arrière-salle. En 1853, la moitié des Parisiens étaient des ouvriers, dont beaucoup étaient célibataires et vivaient en groupe avec leurs "pays", sans confort, comme les émigrés d'aujourd'hui. Ils venaient du Massif-Central, d'Auvergne, de l'Aveyron. Avant de tenir un bistrot, ils vendaient de l'eau, du bois et du charbon, traînant leur charrette dans la rue; leurs établissements chaleureux, modestes, familiaux, étaient les fameux "bougnats". On y vendait du "vin, bois, charbon" et y faisait à manger aux ouvriers "comme à la maison". Les Auvergnats qui travaillaient dur, et se serraient les coudes, finirent par s'arroger tout le secteur de la "limonade" (le "petit zinc" n'est traditionnellement pour l'Auvergnat qu'un tremplin vers le grand). La moitié des cafés parisiens, le Beaubourg, le Costes, le Marly leur appartiennent. Dès son arrivée gare de Lyon, le jeune homme achète *L'Auvergnat de Paris*, se présente le matin même aux annonces, et ne pense qu'au pays. "Pour nous l'Auvergne commence à la Porte d'Orléans", raconte un Auvergnat de 25 ans déjà gérant d'un bel établissement. Il existe une véritable tradition littéraire autour du café populaire : Zola s'en inspire en 1876 dans *l'Assommoir*, et Céline reprend cinquante ans plus tard le thème du bistro qui "souille, endort et putréfie..." Mais cette "tentation pour les enfants", cet "ennemi de l'épargne et de la famille" apparaît aussi sous un autre jour : "Le café, c'est le parlement du peuple", disait Balzac. Le travailleur y trouve une nouvelle dignité, une liberté : c'est un lieu de culture et de plaisir, où certains comportements emphatiques, certaines plaisanteries répétitives, sont admises voire attendues. Cette liberté, son côté physique, comique, transgressif, se retrouve dans la sphère de langage qu'on associe au café : noms de boissons (ballon, diabolo,

QUARTIER

perroquet, "côte") comme d'établissements - les clients de chez Jeannette ne sont pas ceux du Coucou de l'Opéra, ni de La Promenade de Vénus. Ici, le théâtre compte plus que le décor. Le garçon tient le rôle de celui qui sait et ne dit mot : il met un point d'honneur à se souvenir que telle personne préfère la raie au beurre noir, telle autre du lait dans son café. Lui disputer cette virtuosité reviendrait à briser le rite, casser la connivence. La lumière rare, les volumes minuscules, l'intimité des lieux que symbolisent un poêle, une vieille "piste" de 421, chers au cinéma français d'avant-guerre, font tout le décor des cafés populaires, mais c'est surtout la vie, le brassage, le mouvement qui laissent leur empreinte. Aujourd'hui chacun les reconnaît, les protège, les imite. "Qu'est-ce qu'on va chercher dans la lune, dans la lune, je parie qu'là haut, y'a même pas de bistrot", résumait en chantant Maurice Chevalier.

(*Ci-contre*)Le **Tout va Bien**, à Lyon, s'appelait autrefois le Bar de la Lune : c'était une immense brasserie. Aujourd'hui, c'est un "cani" – un petit bistrot, en lyonnais – où Luce Papaz, la patronne, préside aux réunions des anciens en compagnie de son chat Vénus.
(*Ci-dessus*) **Le Bellecour**, à Lyon. Il est fréquenté principalement par les hommes de loi et possède un charme hybride.

Ci-contre : Boulogne-sur-Mer, le **Comme Chez Soi**. On ne saurait compter le nombre de couches de peinture qui recouvrent cette façade naïve et brune, tout comme celle du **Café d'Oujda** *ci-dessus*. Dans ce café du quartier de Ménilmontant, à Paris, en fin de journée, on joue aux dominos entre hommes.

Trentemoult, **Le Bellevue**.
Dans la banlieue de Nantes, à
l'embouchure de la Loire, un café
qui fait guinguette le samedi.
Un ouvrier du port autonome a
imaginé le bar en 1981, mais
on ne sait plus quel amoureux des
remorqueurs (lesquels se font rares)
a laissé les maquettes et le décor qui
entoure l'aquarium d'une dentelle
de liège. *A droite* : **Le Brin de Zinc**,
rue Montorgueil, à Paris. Dans
ce café-restaurant qui date de 1904,
le comptoir en marbre, recouvert
d'étain, le sol étoilé et les verres
gravés des fenêtres sont les témoins
fidèles des bistrots du quartier
des Halles au tournant du siècle.
C'est ici que se réunit
aujourd'hui l'équipe de football
des Auvergnats de Paris.

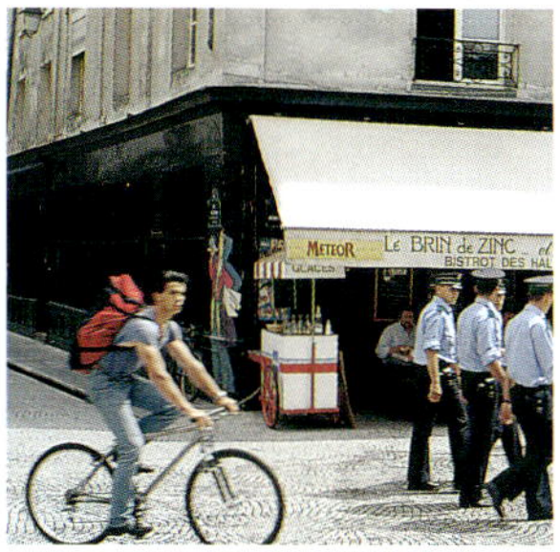
METEOR
Le BRIN de ZINC

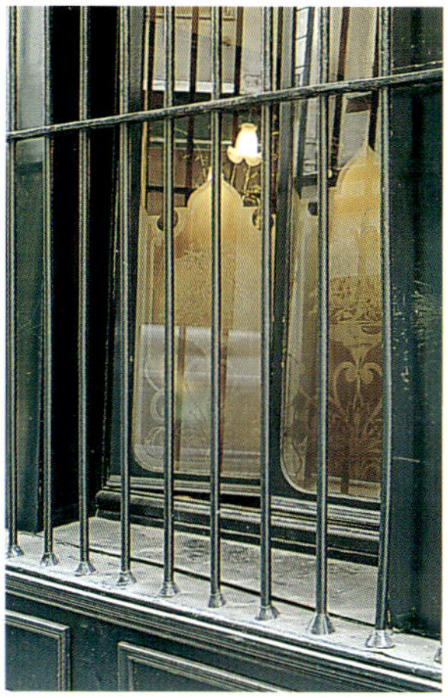

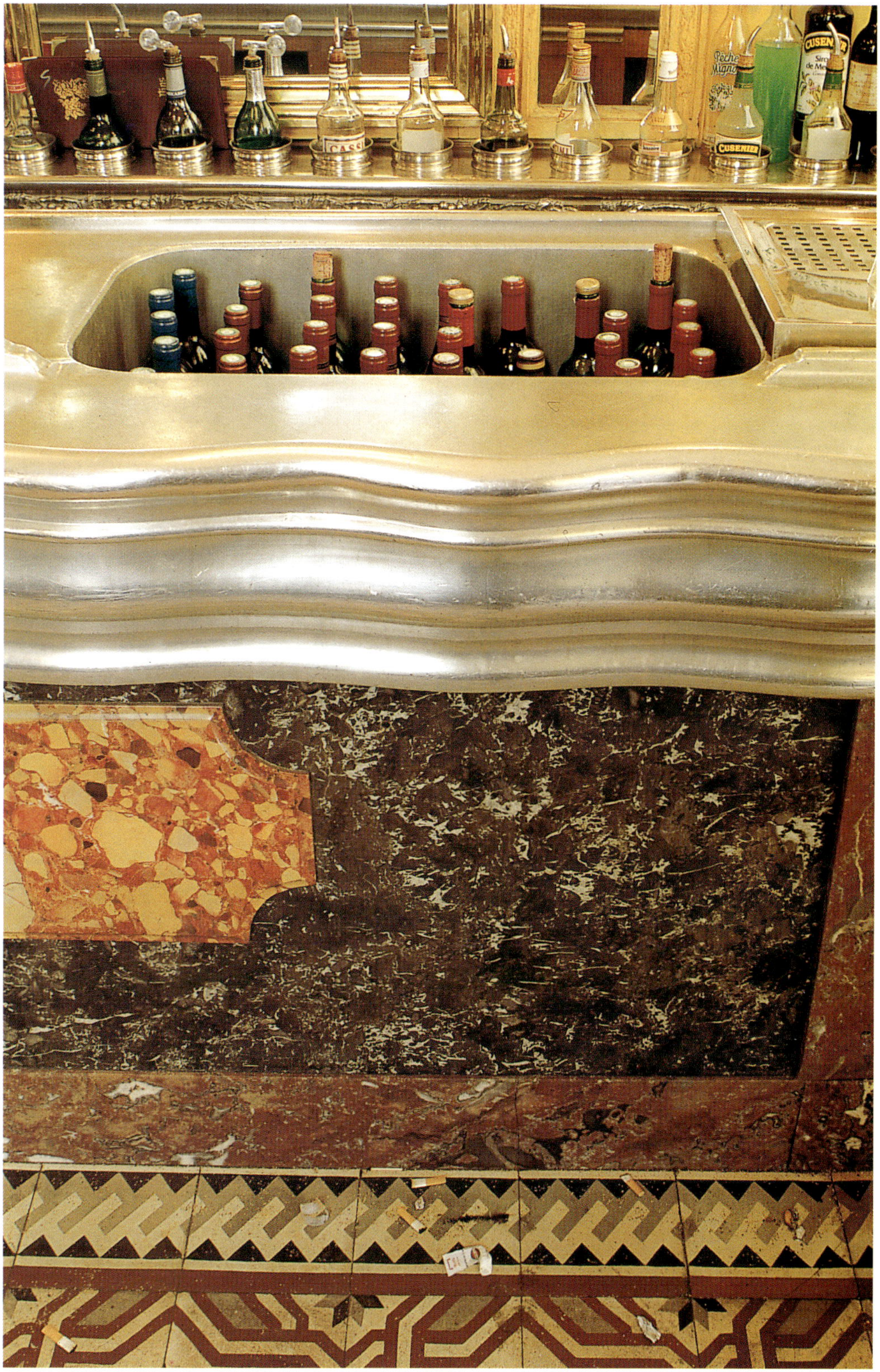
CUSENIER
CUSENIER

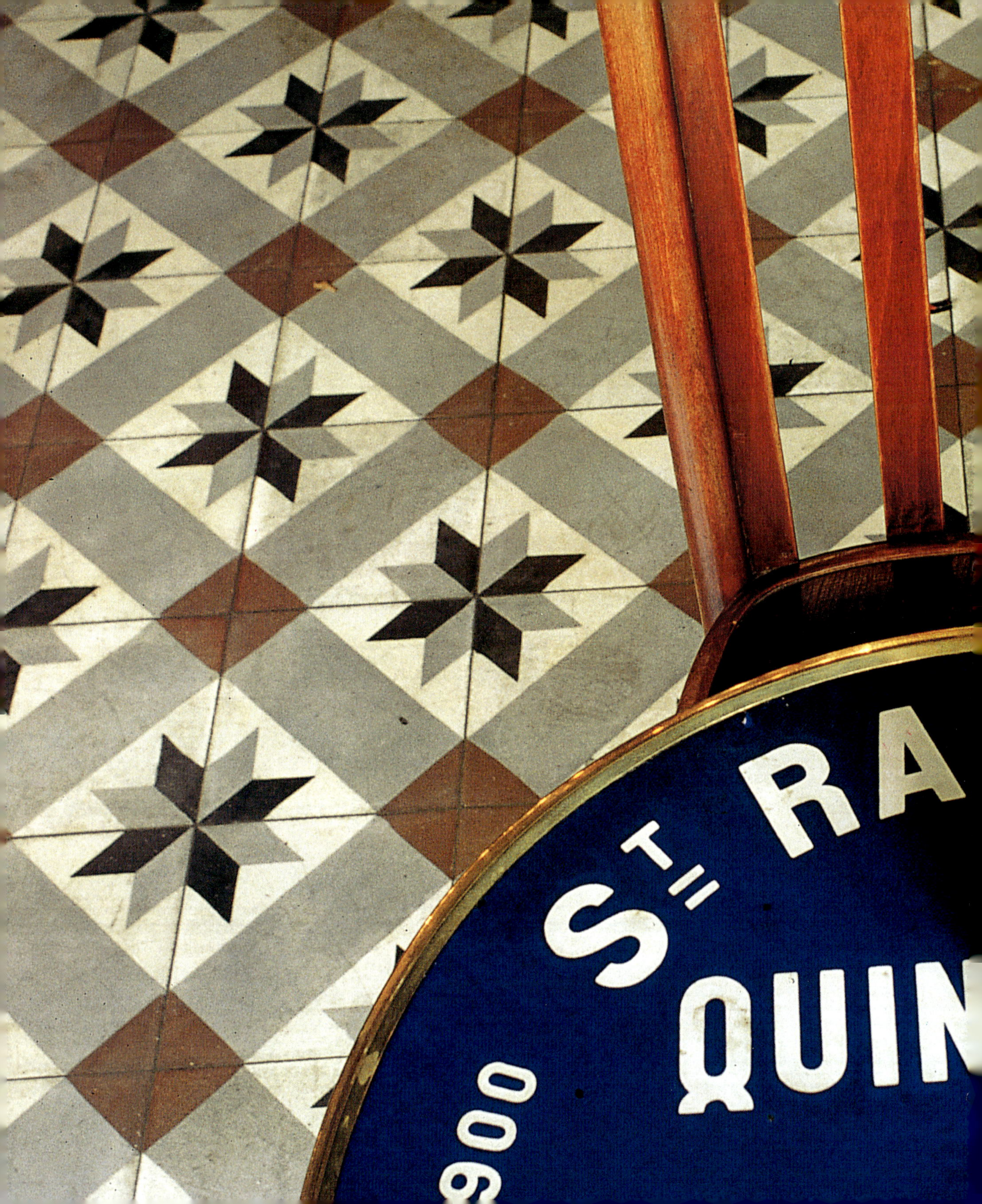
RA
STE
QUIN
900

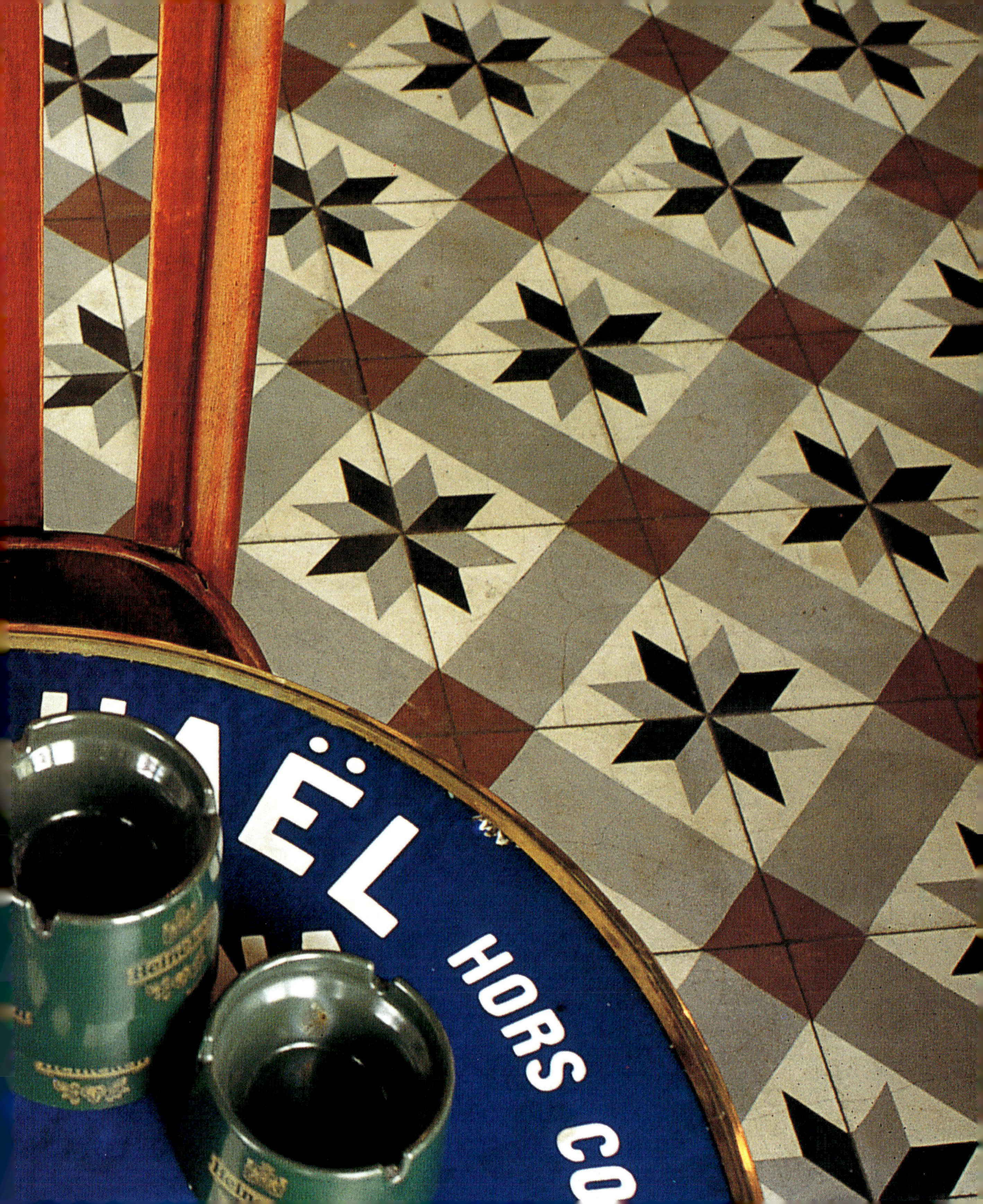
ËL
HORS CO

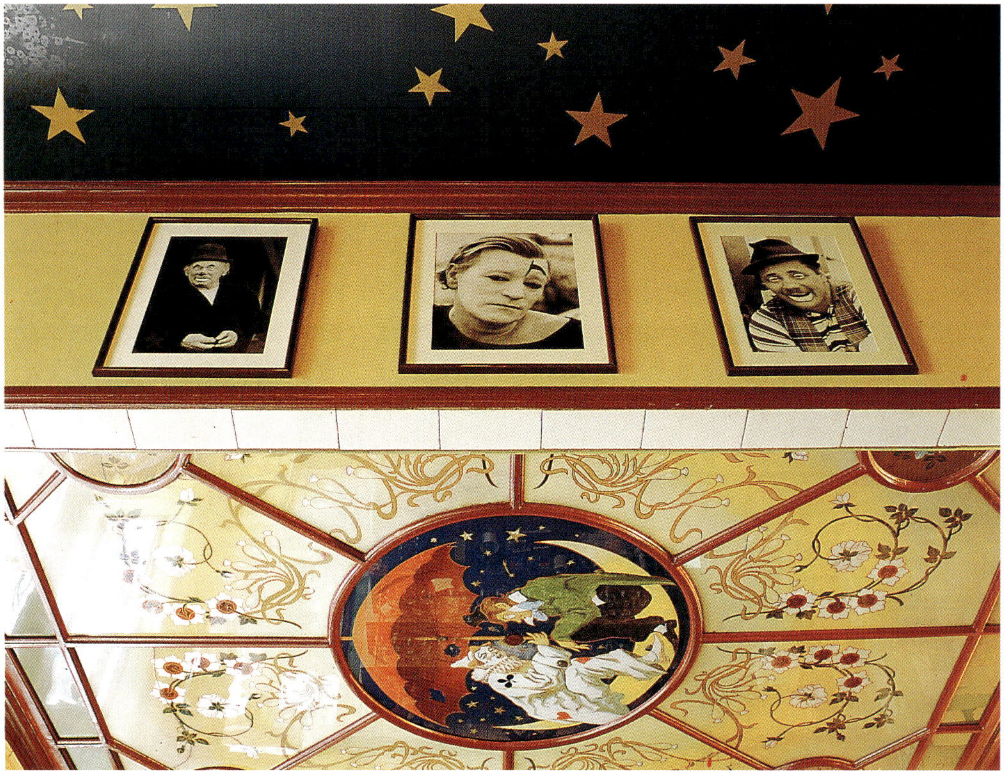
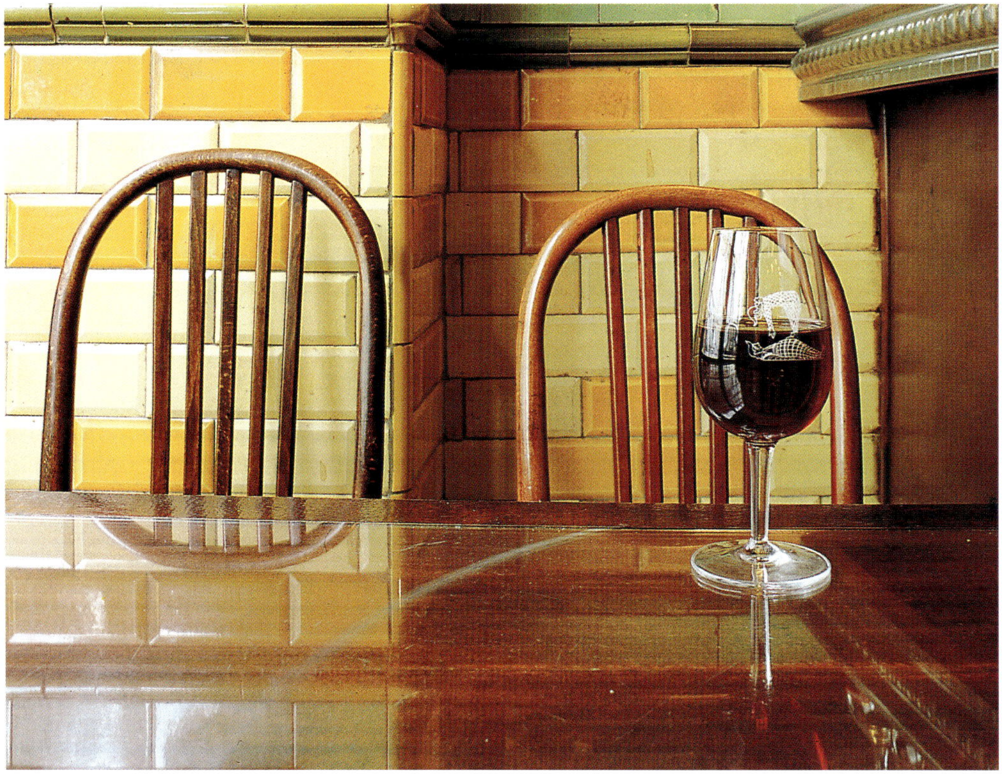
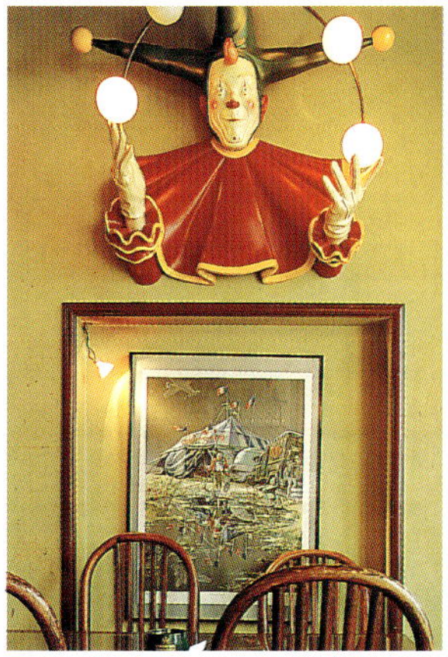

Pages 48-51 : Au **Bar du Clown**, zinc en étain (1920, signé Nectoux) et décor en céramique sont d'origine et le nouveau propriétaire, Joël Vitte, brocanteur tombé amoureux de cette "cantine" du Cirque d'Hiver, la meuble de tables, chaises et objets d'époque. Les clowns Marquis et Charlot vivent au-dessus ; les Bouglione sont encore dans le quartier et on garde la photo de Pépète qui s'en est allé…

Paris, **Le Piston-Pélican**. Il y a plus de vingt ans que cet habitué (*page de droite*) s'est installé pour la première fois au bout du comptoir qui ondule sur treize mètres de long, dos à la rue. Un camion livrait alors la bière, tout comme aujourd'hui.

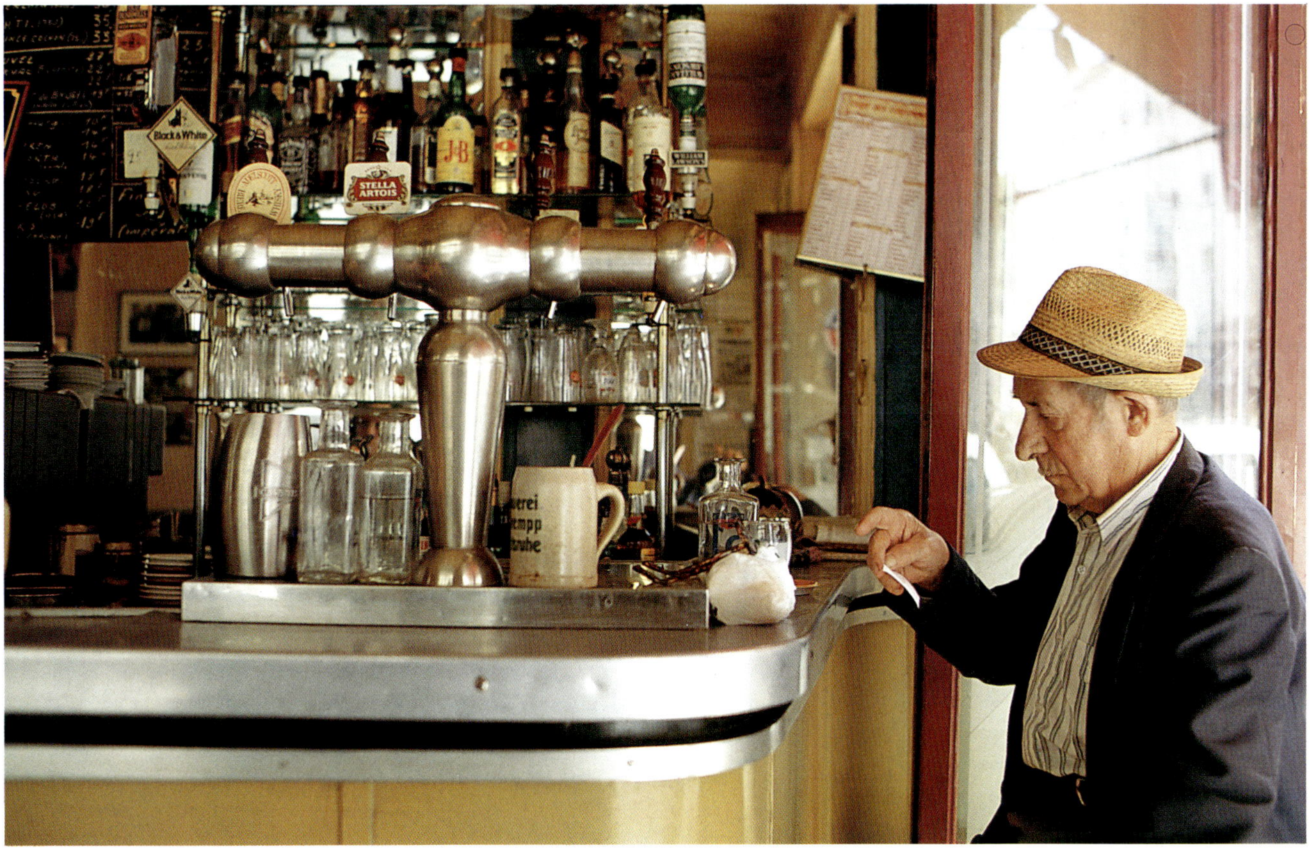
Black&White
STELLA ARTOIS

Un ancien comédien, dit «La bonne pâte», amateur de bons vins, veille désormais sur le décor populaire du **Piston-Pélican**, qui nous transporte dans les années d'avant-guerre. Le sol, les chaises Thonet et les verres gravés sont du tournant du siècle. Devant les cuves à vin qui contenaient mille litres et qui datent de 1940 comme les lustres, un piano accompagne souvent les joueurs de cartes. La «piste» de 421, elle, remonte aux années 60.

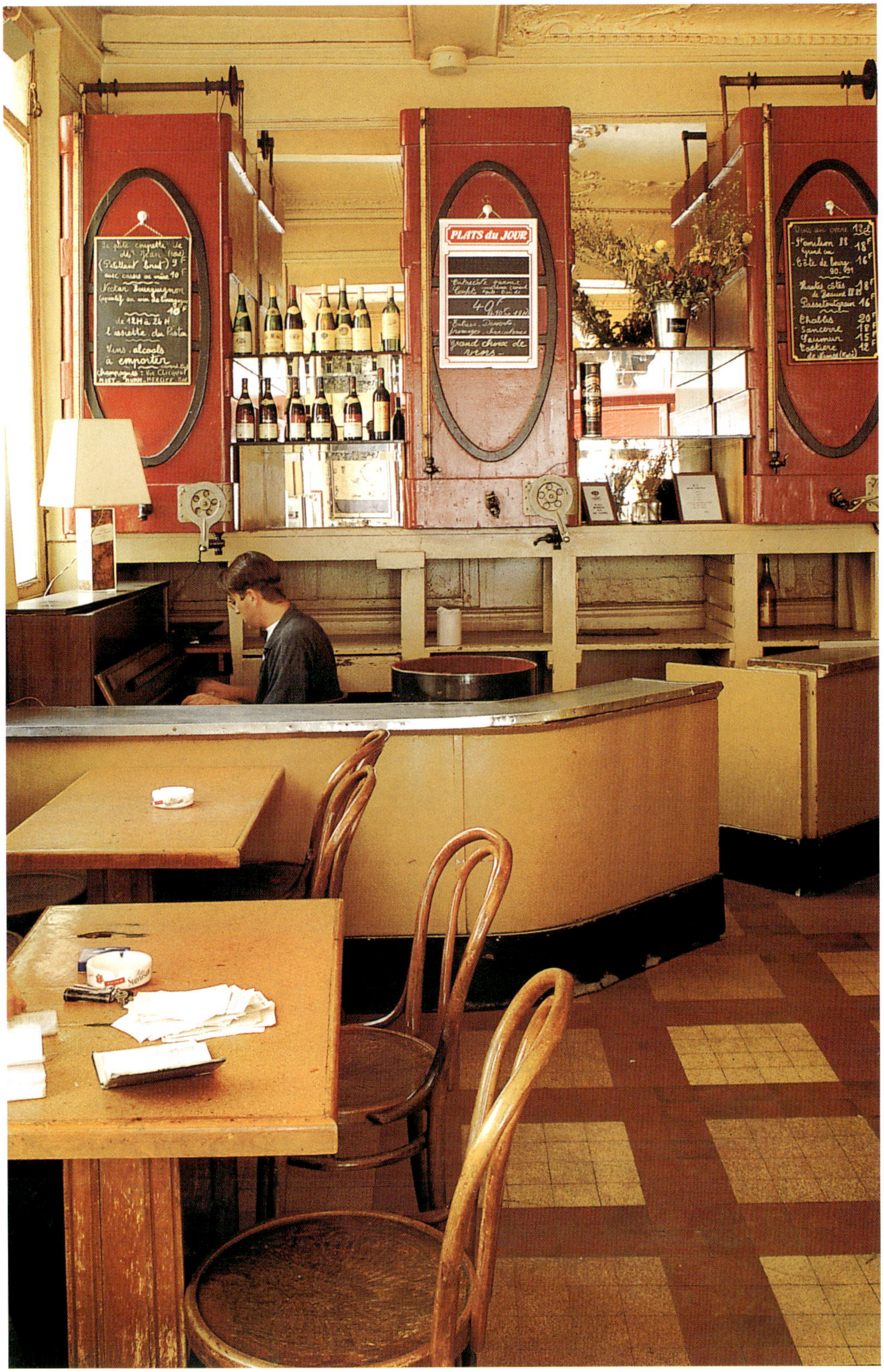
PLATS du JOUR
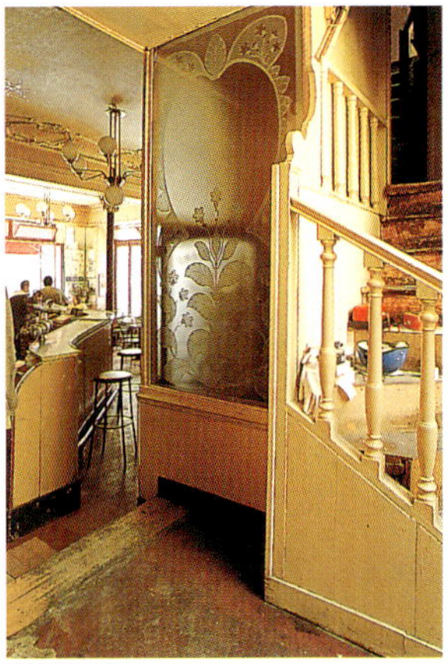
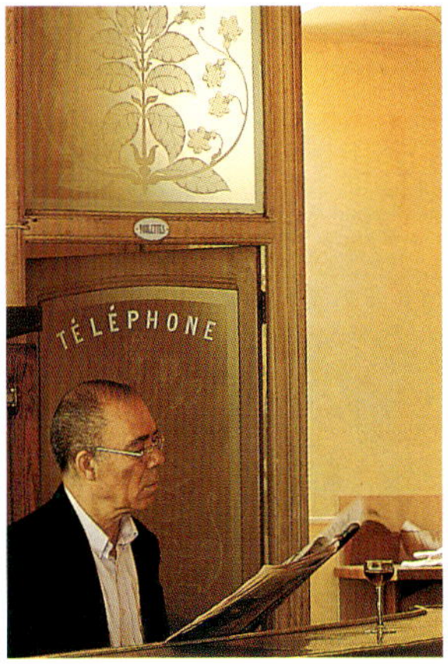
TÉLÉPHONE

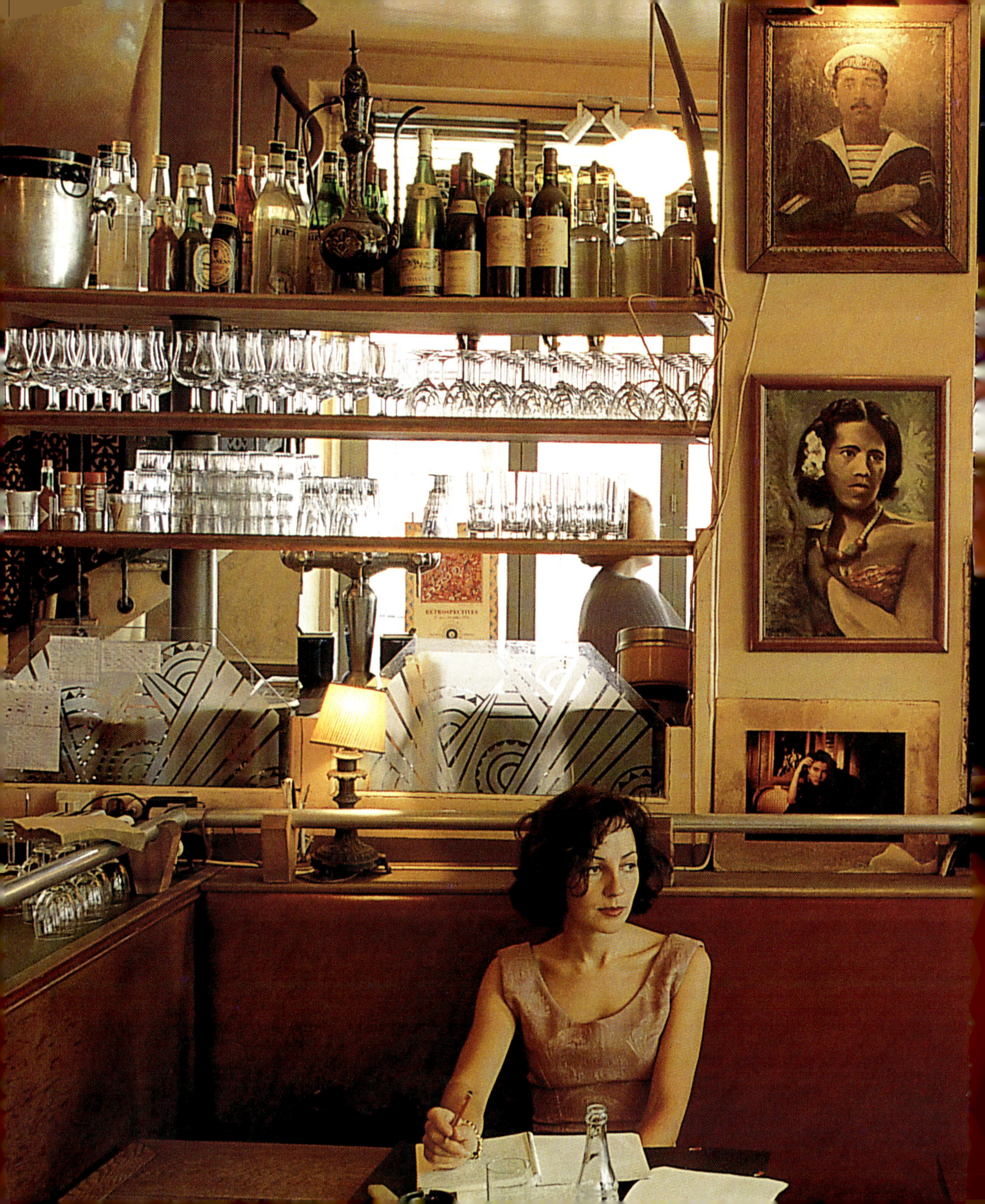
RETROSPECTIVES

Le **Café de l'Industrie**, à Paris. Un voyageur, réalisateur de films, Gérard Le Flem, a racheté ce petit café 1880 qui, agrandi de deux vastes salles ouvertes sur un petit jardin intérieur, attire les jeunes de la Bastille. Le décor entièrement imaginé à partir de quelques éléments existants, mêle un certain rêve d'exotisme à une grande économie de moyens. Marlène chante en arrière-fond.

A gauche : **La Chope des Puces**, à Saint-Ouen. Au Marché aux Puces dit «de Clignancourt», les manouches et les tziganes jouent de la guitare derrière les rideaux de dentelle.
A droite : Dans le minuscule **Bar Saint-Nicolas**, à Paris, une clientèle d'habitués fort sédentaires se tourmente et s'injurie aux cartes à heures fixes. Comme dans les romans policiers les plus louches, la salle est sombre et enfumée. Sous la table, un chien-loup mélancolique.

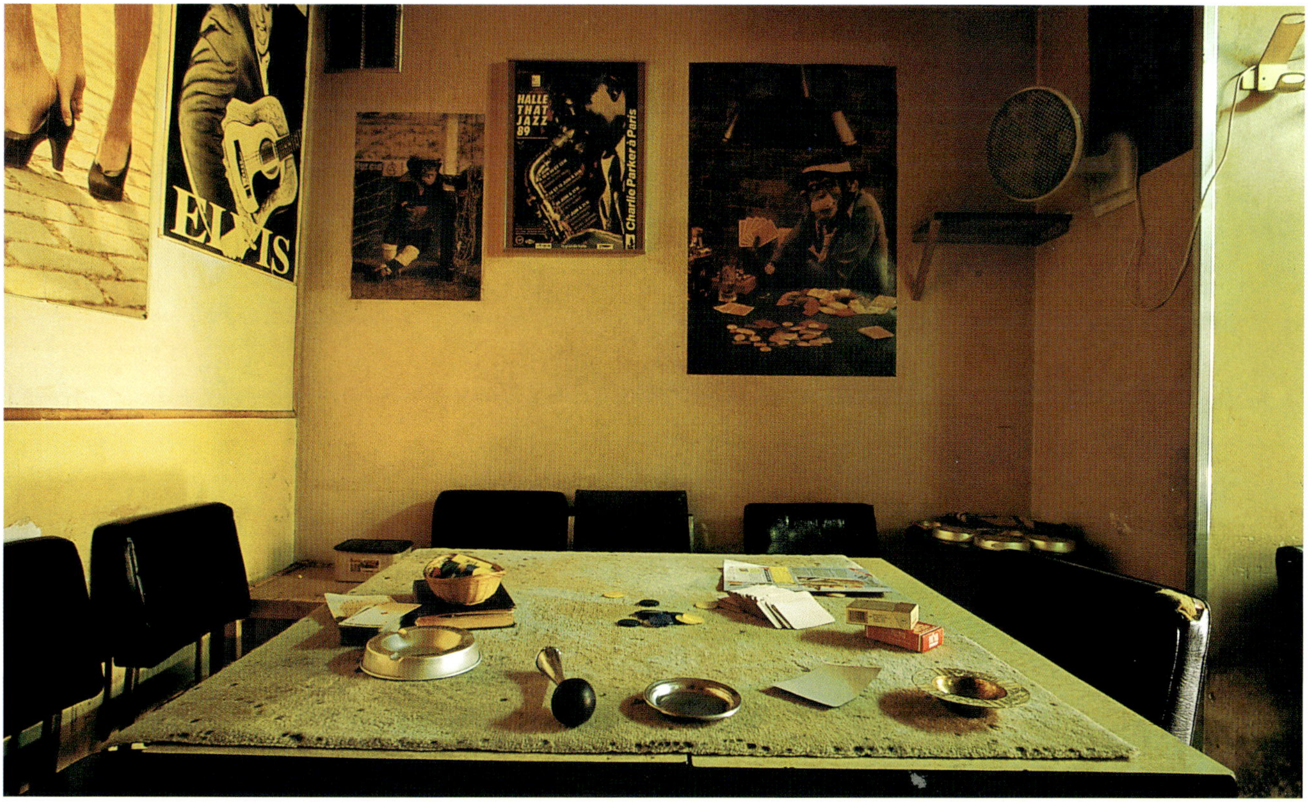
HALLE
THAT
JAZZ
89
Charlie Parker à Paris

CAFE DE FLORE

RENDEZ-VOU

4.5.48.55.26.

Si les peintres laissent derrière eux une certaine atmosphère, un spectre de formes et de couleurs, les écrivains et les philosophes ne nous livrent que rarement de tels témoignages, occupés qu'ils sont de "choses mentales". Le Procope, en 1760, était un lieu de réunion pour les intellectuels ; de même que les grands cafés du Palais-Royal, en particulier le Café de Chartres - actuel restaurant Grand Véfour -, devinrent ensuite des points de rencontre pour les royalistes. Camille Desmoulins préférait le Café de Foy et Diderot le Café de la Régence, tandis que les Gluckistes et les Piccinnistes se houspillaient au Café du Caveau. Très vite, les cafés furent associés aux philosophes puis à toutes sortes d'idées nouvelles ou dérangeantes. De leur boisson "révolutionnaire" Montesquieu disait que ce "breuvage donnait de l'esprit", et Balzac qui en fit grand usage : "Il caresse la gorge et vous met tout entier en mouvement. Les idées se

CAFÉS DES ARTS

précipitent... l'artillerie de la logique s'avance, les mots d'esprit fusent." Le premier vrai café littéraire fut le Momus, du nom du dieu antique de la dérision, à Saint-Germain-l'Auxerrois. Rue de l'École de Médecine, la Rotonde fréquentée un siècle plus tard par Baudelaire prit ensuite la vedette, comptant parmi ses habitués Courbet, qui prêchait le "droit à la peinture vulgaire et moderne". Vingt ans de plus, et c'est au tour de Manet de s'attarder au Baudequin, boulevard des Batignolles, où il dessinait des heures durant. «La première salle, raconte-t-il, est blanche et dorée, criblée de miroirs pleins de lumière.(...) Lorsqu'on aborde la deuxième, c'est un endroit étonnant, sorte de crypte à plafond bas.» Zola décrit le "Groupe des Batignolles", d'où va sortir l'impressionnisme. Manet y croise Monet, Whistler, Fantin-Latour, Cézanne vient d'Aix pour humer l'atmosphère : «En arrivant, il écartait sa veste d'un mouvement de

VENEZ FÊTER LES MÉTIERS DU CINÉMA
AU BALZAC
DALI
DAUM
CAFÉ DE FLORE TÔT LE MATIN - PARIS
Galerie Daniel Delamare
BOUYSSOU
Vallois

Pages 61-63: Le **Café de Flore**, à Paris, intégralement copié au Japon, est le seul café de société français de cette fin de siècle. La salle du bas est plus bruyante, plus mondaine, le premier étage voué aux rendez-vous professionnels, aux écritures, aux conversations plus intimes. On déjeune sur des sets en papier (*page 60*) à vendre comme les cendriers, les chaises, les tables et les appliques.

hanche très zingueur... rajustait ostensiblement sa ceinture et serrait toutes les mains à la ronde...» Pissaro, Renoir, les orientalistes prennent la relève au début des années 1880. Degas sera pour sa part à l'origine d'un mouvement de migration vers la place Pigalle, et le Café de la "Nouvelle Athènes" («pauvre café un peu province fréquenté par le mauvais sujet de l'art», écrivait un critique d'alors). Villiers de l'Isle Adam, les frères Goncourt l'y retrouvent. Ils y sont les témoins des débuts de la peinture moderne. Cézanne est encore là "avec sa veste de toile blanche couverte de coups de pinceau". Dans le Midi, les "cafés des arts" gardent aujourd'hui encore les traces touchantes des peintres qui, dit-on, payaient souvent leur consommation avec leurs oeuvres. C'est bien sûr la légende de Picasso : il fit en particulier de nombreux dessins, autour des années 20, dans le café de Céret où l'avait amené le sculpteur catalan Manolo. Il y revint en 1953, gratifiant la patronne d'une *Sardane de la Paix* gribouillée avec le manche du porte-plume de son fils. Juan Gris, Miró, Dali se partageaient entre Céret et Collioure, où ils fréquentaient le Café des Templiers, un café de pêcheurs dont le bar est dissimulé derrière une barque et où se bouscule une clientèle hybride et fascinante. Dufy, Matisse et Malaparte y passèrent. Aujourd'hui c'est Bernard Buffet qui laisse ses toiles au Café des Arts de Saint-Tropez, déjà immortalisé, avec ses jeux de boules sous les platanes, par Charles Camoin, peintre local et ami des fauves, dans les années 20. A Paris, les intellectuels changent de rive à la fin des années 1880. Huysmans trouve son "port", son "havre", sa "rade" au Caron («Des glaces couvrent les murs, séparées entre elles par des colonnes minces à raies d'or. Des divans de velours amarante et usés bordent, derrière les tables de marbre, toute la salle»). Le café est pour lui le lieu d'un voyage immobile («Pourquoi contraindre mon corps à changer de place si mon esprit voyage si lestement ?»). A la même époque, Verlaine, Rimbaud et Mallarmé discutent déjà aux Deux Magots.

Raffiné jusqu'au moindre détail, le **Café de Flore** bénéficie d'une terrasse - voisine de la célèbre librairie La Hune - couverte d'une des rares vérandas harmonieuses de la capitale. Le petit-déjeuner avec journaux, confitures et croissants y est un rite recherché. L'express y est servi dans une lourde porcelaine blanche.

A l'angle du boulevard Saint-Germain et de la place du même nom, à Paris, le café des **Deux Magots** s'anime avec le soleil du matin. Le gérant passe aujourd'hui ses commandes avec son téléphone portatif. Les croissants sont arrivés. Le perroquet qui chante *La Vie en rose* vient presque tous les dimanches prendre son café au lait avec ses maîtres. La place où Simone de Beauvoir écrivait est signalée par une plaque en cuivre sous la photo de l'écrivain *in situ*... La dame-pipi qui vend les cigarettes et veille sur le téléphone et les toilettes au sous-sol est également une célébrité locale.

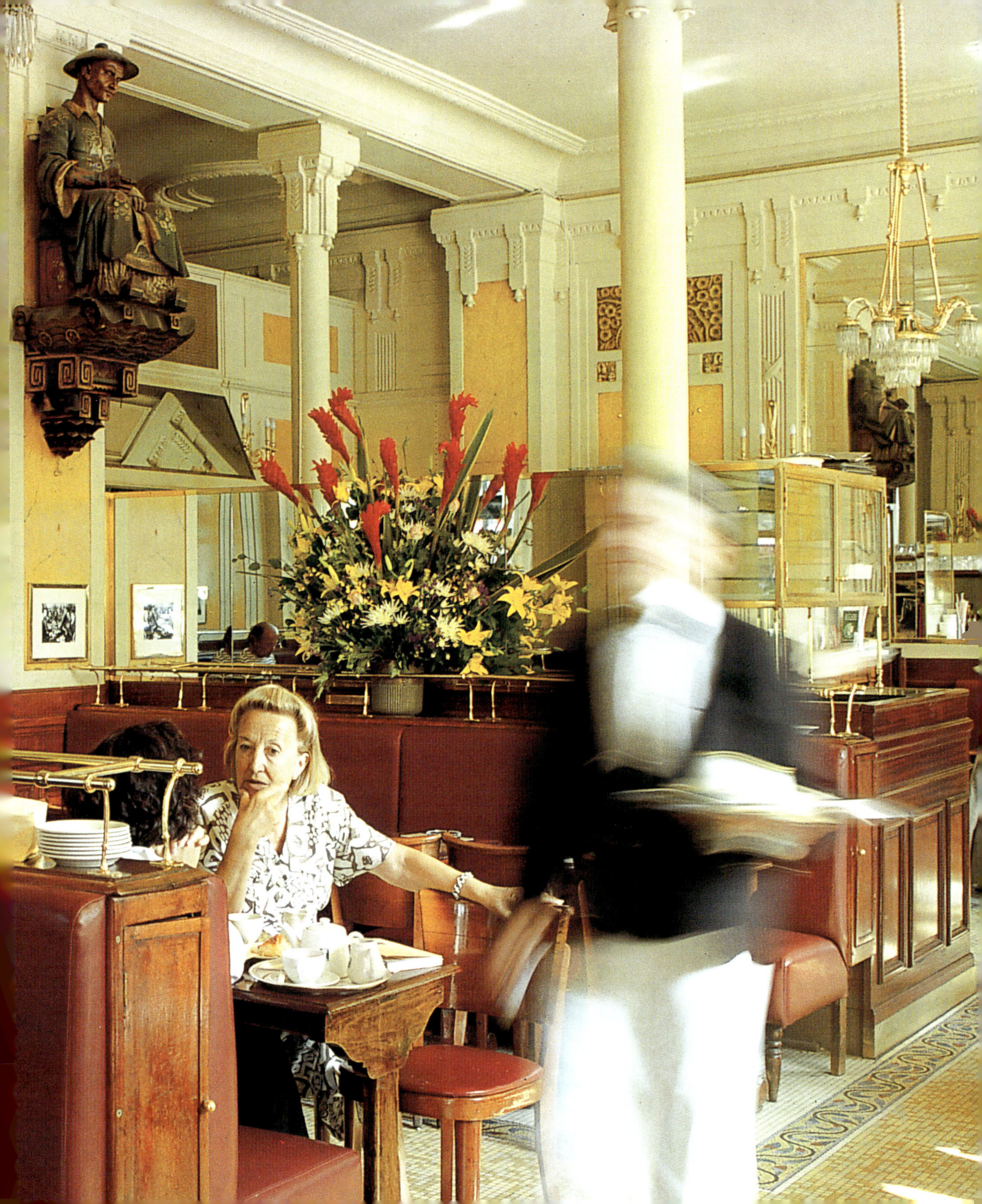

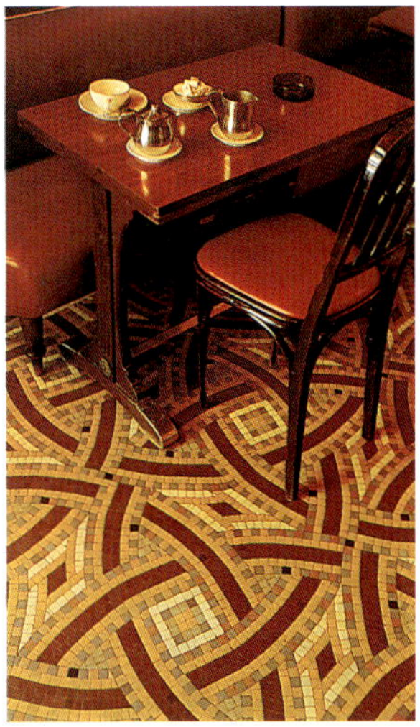

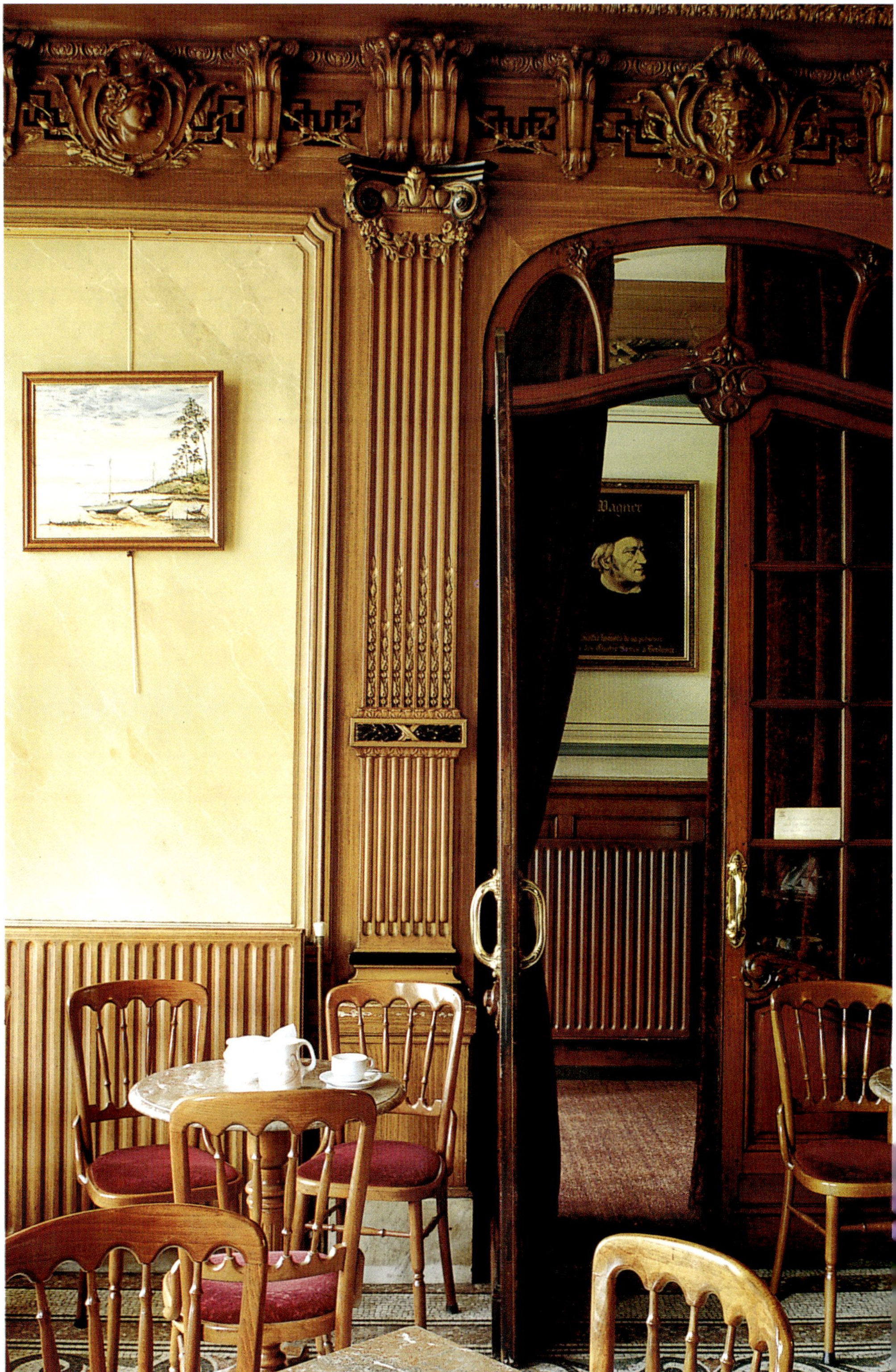
Wagner

Page de gauche, vignette : **La Closerie des Lilas**, Paris. Les gens de cinéma et les psychanalystes aiment à se retrouver dans ce décor 1920. Le sol et le bar sont superbement Art déco.

A gauche : Le **Bar des Quatre Soeurs**, à Bordeaux. Velours rouge, chaises Napoléon III, vitres biseautées : Wagner, dont on voit ici le portrait, aimait déjà cet écrin d'acajou en 1850. On y sert avec le café une pâtisserie bordelaise caramélisée, appelée le Cannelé.

A droite : Le **Café des Arts**, à Saint-Tropez. Ce joli café situé au coeur du village, devant lequel on joue aux boules sous les platanes, a compté parmi ses habitués Charles Camoin et Bernard Buffet.

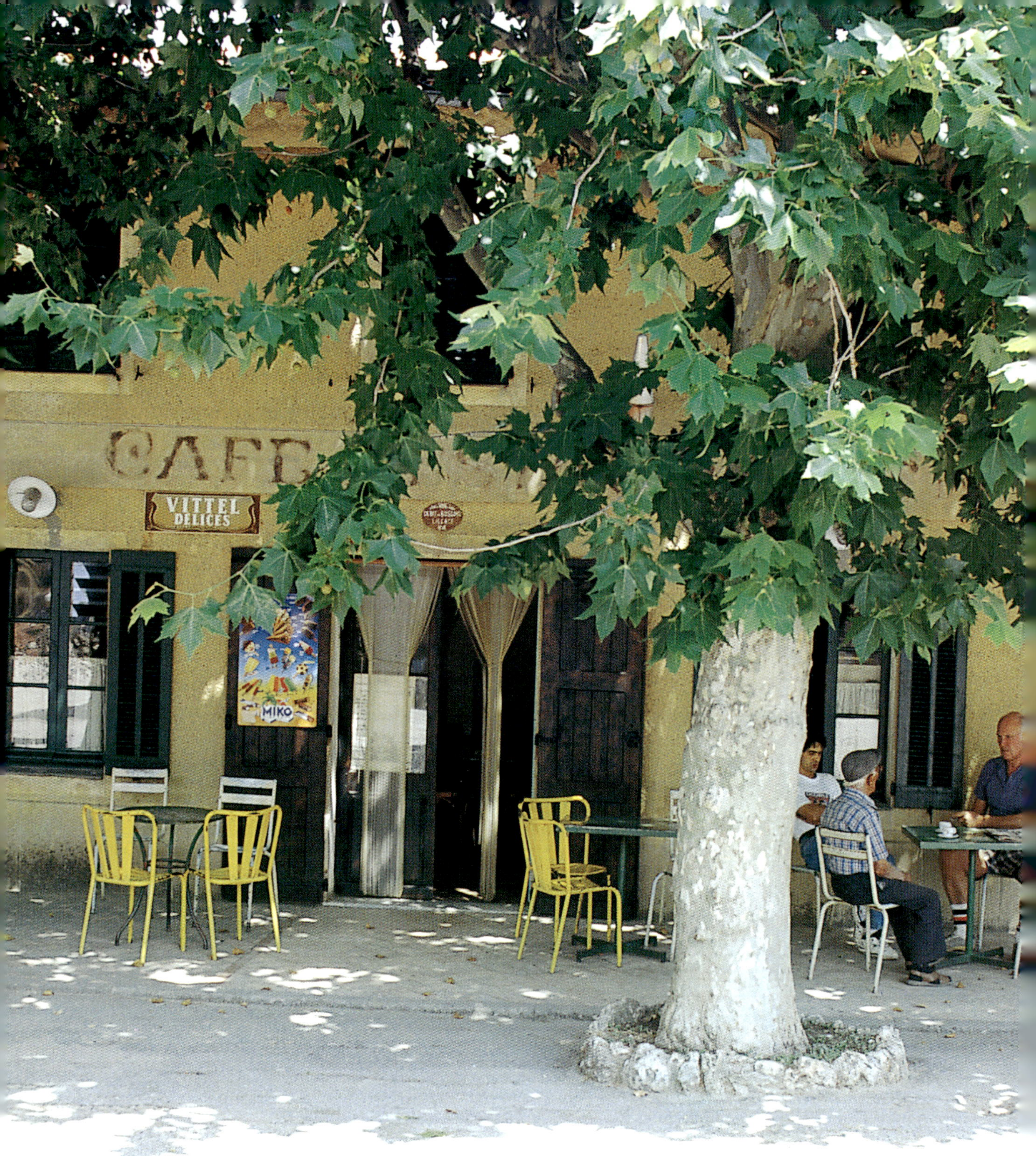
VITTEL
DELICES
MIKO

Taverne, auberge ou relais de poste, il s'est toujours trouvé des endroits où "boire un coup" à la campagne. Mais c'est en 1851, quand les préfets ont eu le droit de distribuer des licences, que les cafés se sont installés à l'extérieur des agglomérations. Aux croisements, dans les ports, sur les champs de foire, près des gares secondaires ou des terminus des autocars, ce sont les zones de passage qui ont dicté le choix de leur installation. Aujourd'hui, ces motifs peuvent nous échapper et l'emplacement de tel ou tel local nous surprendre, mais ces établissements, survivance d'un autre temps, nous séduisent par leur simplicité : zinc plutôt qu'étain sur le comptoir, bois plutôt que marbre sur les tables. Souvent, à la campagne, la licence ne constitue qu'un appoint pour un petit commerçant : ce sont les innombrables cafés-épiceries, cafés-pompes à essence, cafés-coiffeurs, cafés-charcuteries, qui émaillent nos plaines et nos

A LA CAMPAGNE

vallons. Chez Norre, à Chenerailles dans la Creuse, deux salles donnent sur la grand-place du marché à bestiaux qui s'y tient deux fois l'an. Elles sont, ce jour-là, bondées de maquignons colossaux et d'acheteurs affairés, formant des groupes bruyants, comme si la fête des retrouvailles était aussi significative que les transactions mêmes. On échange des anecdotes locales, et l'intérêt de ce spectacle bariolé excède alors de loin celui du décor. Il y a tellement de monde qu'on dispose des tables jusque dans la charcuterie et près des chambres froides, dans une sorte d'arrière-boutique qui n'excède pas les deux mètres sur deux. Les serveuses sont débordées; les patrons mettent la main à la pâte et se glissent entre les clients, d'énormes plateaux de charcuterie à la main. «Une côte s'il vous plaît» n'annonce pas, comme on s'y attendrait à neuf heures du matin, un ballon de Côtes du Rhône, mais bien une colossale côte de porc fumante. Au bar d'un café-coiffeur lillois, les habitués vous raconteront qu'il leur arrive de prendre un verre en attendant leur tour, et de se retrouver deux heures plus tard en compagnie du figaro accoudé devant un verre au comptoir et ayant complètement oublié pourquoi ils étaient là. Dans l'île d'Ouessant, c'est entre un café et un autre que se disputent les tournois de cartes, et c'est du café que l'on guette le bateau qui arrive du Continent; de là se répandent les nouvelles : «L'avion ne viendra pas. Il y a trop de brume ce soir, donc pas de journaux. On ne sait pas comment les enfants vont rentrer pour le week-end...» Le patron du café isolé en pleine campagne est souvent un personnage haut en couleurs, une personnalité «politique» : on le ménage, on le consulte, mais on n'hésite pas, de temps à autre, à le détrôner brutalement. Au XIXe siècle, les curés et les bonnes familles cherchèrent à faire disparaître ces lieux de débauche où l'on dansait la gigue; les commissaires de police, eux, craignaient davantage l'intoxication politique : «Mignon est un rouge effréné. En lui délivrant sa licence, on donne libre cours à la débauche dans le pays», lit-on dans un rapport de la fin du siècle. De nos jours encore, bien que cela se fasse rare, on tombe à l'occasion sur un établissement à peine signalé par sa licence, avec un sol en terre battue, sans comptoir, sans point d'eau : on entre, on attend comme chez un particulier, entre le buffet et les plantes vertes ; il n'y a que deux ou trois tables. La patronne arrive : vous commandez un café, elle va chercher sa propre cafetière qui chauffe sur le feu dans la cuisine, et vous le sert dans des verres. Des habitués apparaissent, ils n'ont besoin de rien dire, elle leur lance un «comme d'habitude ?» La vitrine affiche sur une ardoise «Asticots blancs et rouges - Vers - Terreau moyen et gros» : c'est là qu'on achète sa carte de pêche et que, le soir tombé, on raconte ses exploits. Ailleurs, dans les collines de la Creuse, on parle sangliers et battues; au troisième pastis, on évoque les bécasses qu'on a manquées. Au fin fond des marais de Carentan, la

Page 70 : Un café sous les platanes, symbole du midi de la France, à Tanneron, capitale du mimosa.

Ci-contre : **L'Image**, à Preuilly-sur-Claise, entre Indre-et-Loire et Vienne. Monsieur le Curé règle sa note sur le comptoir néo-Louis flambant neuf, les pieds sur le sol néo-fin-de-siècle de ce café-hôtel.

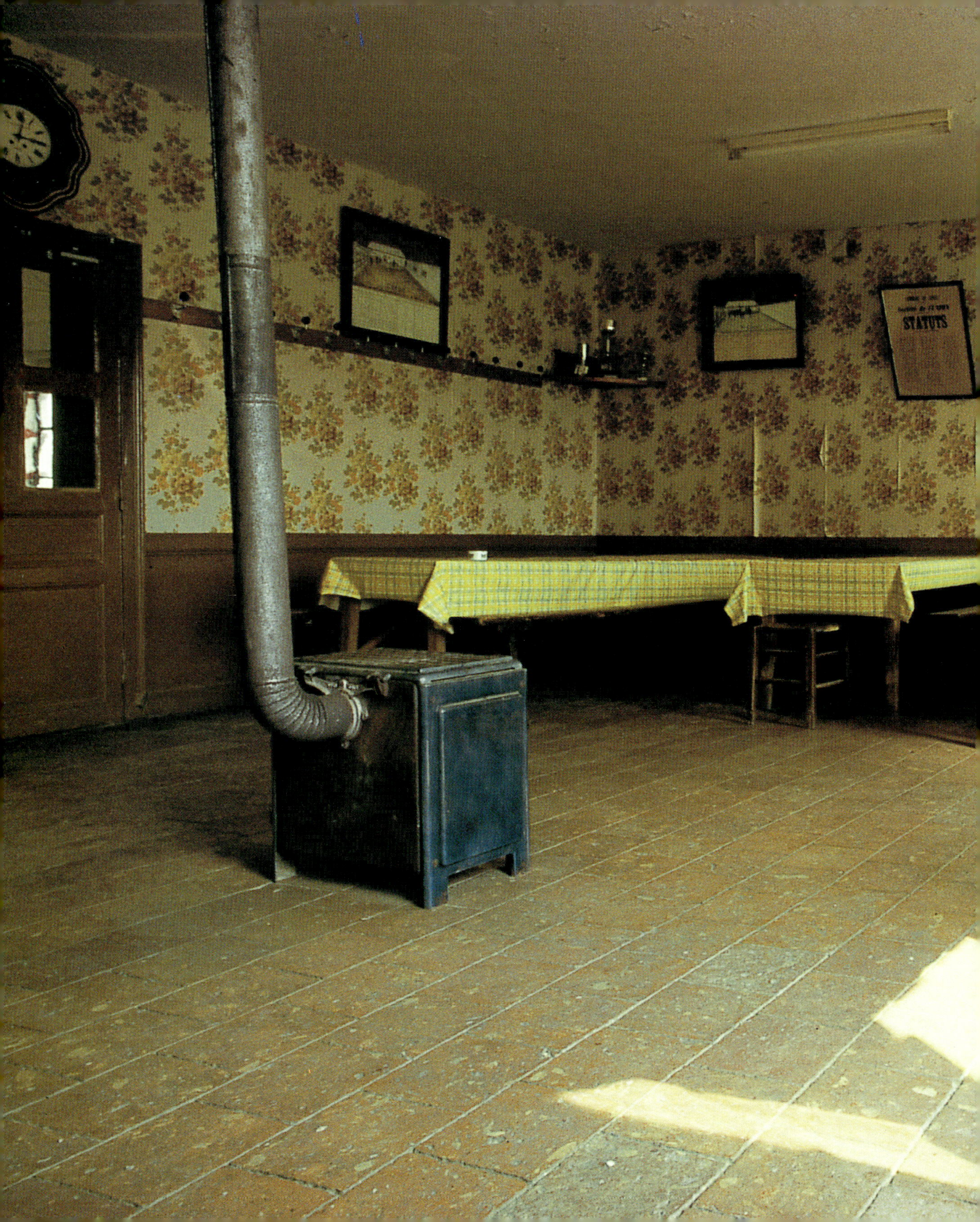
STATUTS

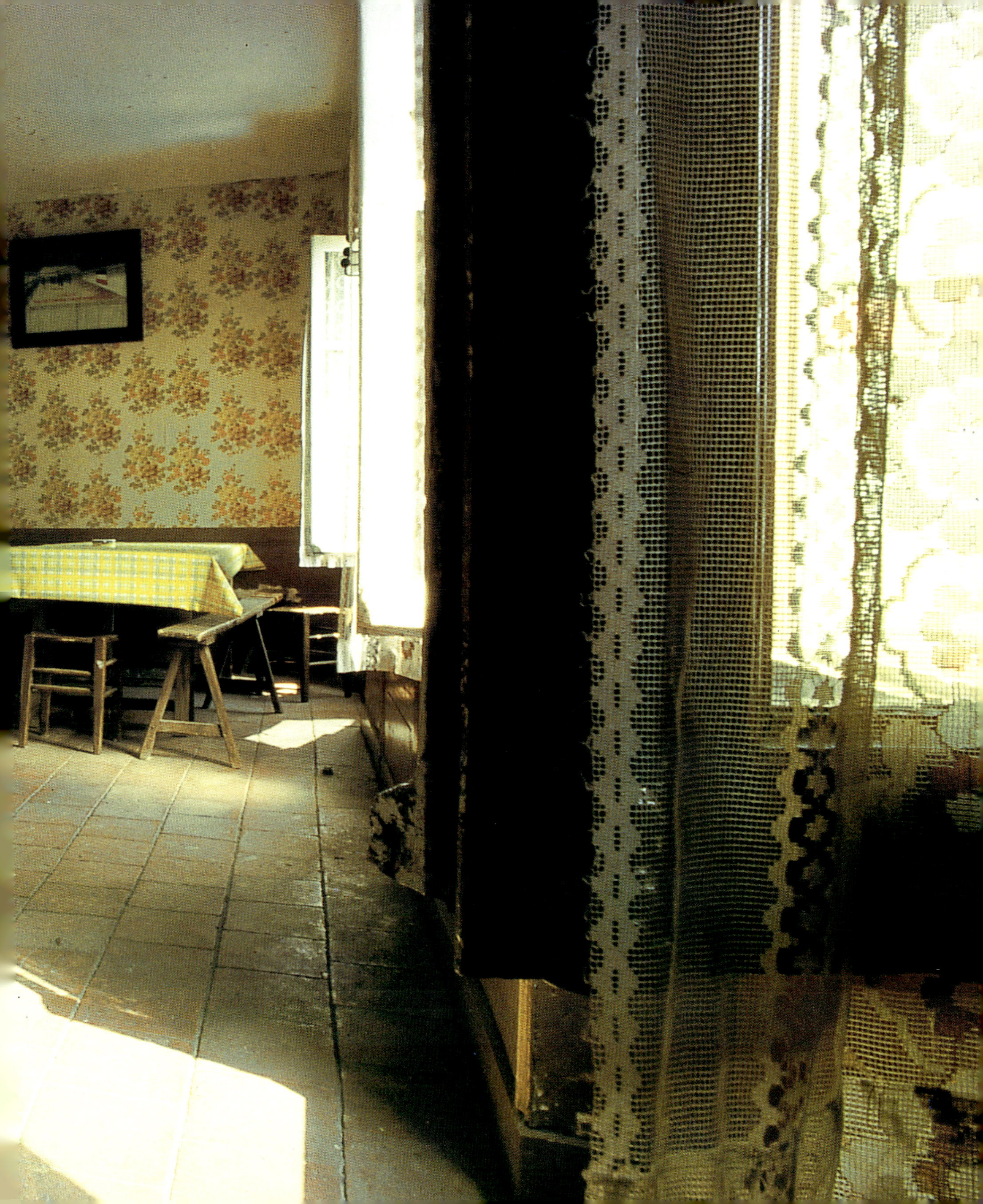

Pages 74-77 : En Touraine, près de Loches.(*Page74-75*) Avec son poêle en émail bleu, ses toiles cirées, ses papiers-peints décollés et ses peintures faux bois baignées d'une lumière blafarde, cette salle rappelle le café d'Arles que Vincent Van Gogh peignit en l'année 1888.

Dans une arrière-salle munie d'une piste spéciale, on joue à "la boule de Fort" (*ci-contre*) avec des chaussons prévus à cet effet (*ci-dessus*). Le rituel exige que le perdant "baise le cul de Fanny" en ouvrant la petite fenêtre qui la masque d'ordinaire (*page de droite*).

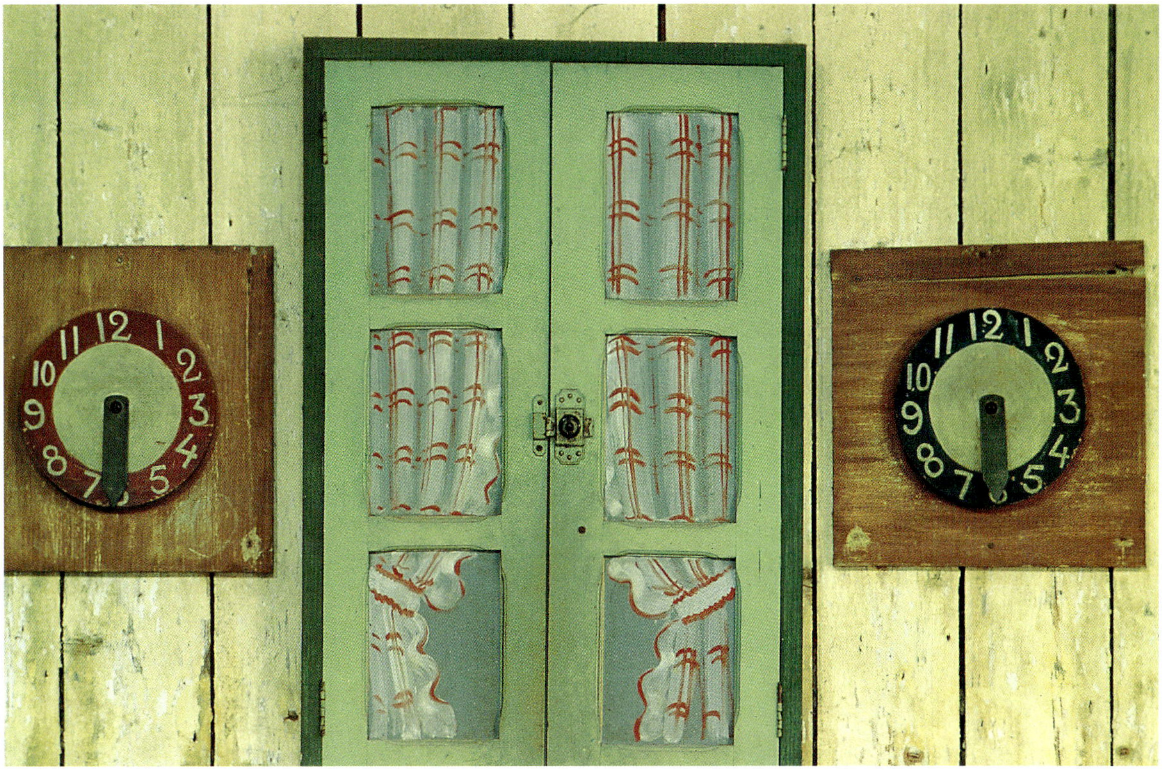

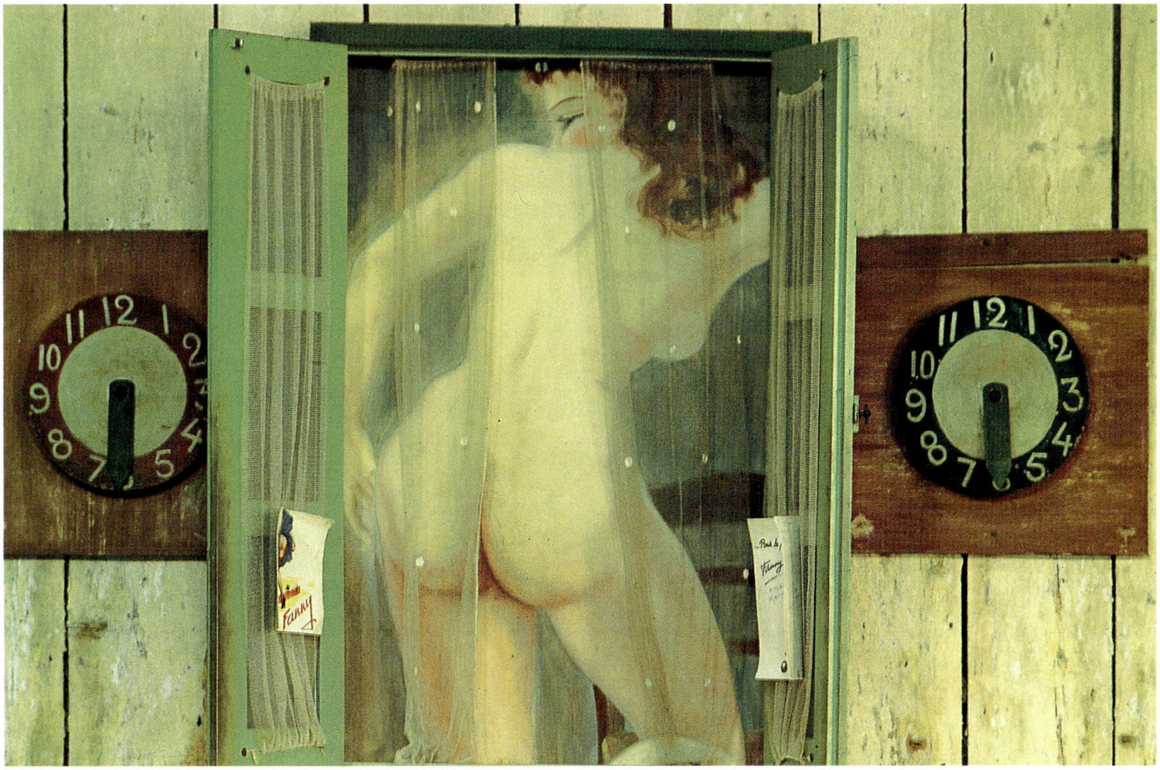
Fanny

propriétaire est si vieille que le café-épicerie s'est engourdi, mais il sent la brioche, car la camionnette du boulanger vient de passer. Madame Adrienne n'a pas voulu retirer les azalées (qui ne fleuriront plus) parce que le plissé qui entoure leur pot et les rubans très élaborés qui ornent les branches sont la marque d'un certain luxe. Il reste encore un certain nombre de ces cafés où vit au ralenti une vieille dame octogénaire vêtue d'une blouse à fleurs : mais ils disparaissent vite, avec leur chat tranquille et leur serin dont la cage pend au milieu des bégonias et des misères. Les cafés du Nord, bien plus animés, se distinguent par l'importance extrême qu'y prennent les jeux de tous ordres, des jeux qui remontent parfois au moyen-âge et qui marquent le décor; là se trouve le siège des associations de 1901 les plus diverses. Au Café Romain, à Lille, l'arrière-boutique abrite des pigeons-voyageurs et, devant une Gueuze fraîche, on y prépare les courses de vitesse (dans la région, des milliers ont lieu chaque année). Ailleurs, les "coqueleurs" organisent leurs combats de coqs. D'autres lancent le dé, la boule, la quille, la crosse. Au Crotoy, tous les soirs on "tourne", avec sa bicyclette. On commence à jouer au billard au Siècle, avant d'aller jouer aux cartes au Printemps, cinq cents mètres plus loin. Retour, ensuite, au Siècle pour l'apéritif. L'ornementation de ces endroits restitue toute la richesse de leur vie associative. On y placarde la photo d'une connaissance célèbre, d'un chien-loup, d'un ou deux bateaux si l'on se trouve près de la mer. A Trentemoult, lieu de passage des remorqueurs sur l'embouchure de la Loire, les retraités habiles de leurs mains ont donné des modèles réduits au patron, qui les a accrochés près de l'aquarium amoureusement bricolé. Dans chacun de ces cafés isolés, modestes et chaleureux, on s'appelle par son nom, la patronne serre les mains, on se dit "à ce soir", "à demain", on n'en finit pas d'être civil et, quoi qu'il arrive, on garde un vernis de gaîté. Lorsque fermeront les cafés des collines, des marais et des routes départementales, c'est toute une vie qui s'en ira.

PINS ACCA
EN VENTE ICI
25F

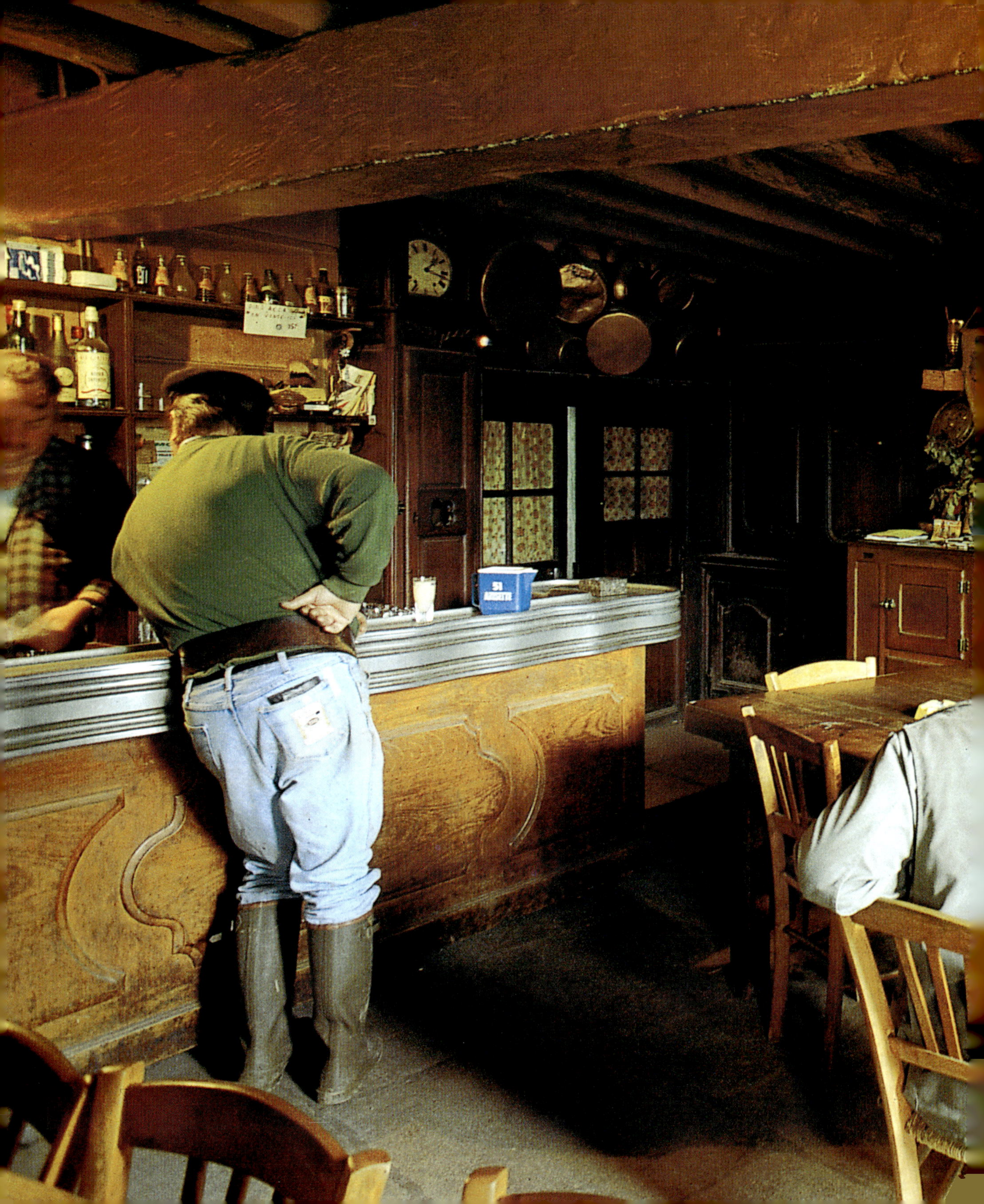
51

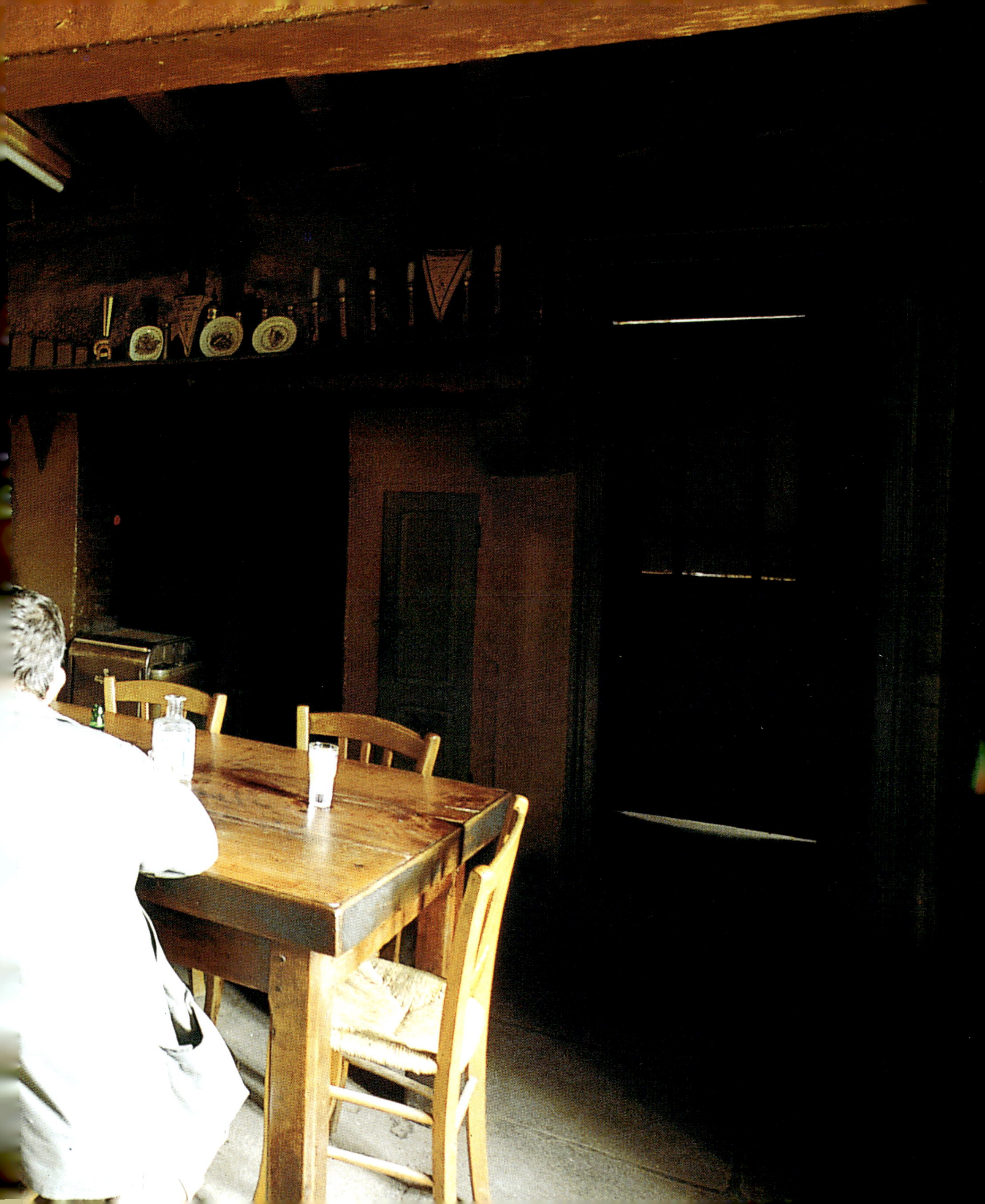

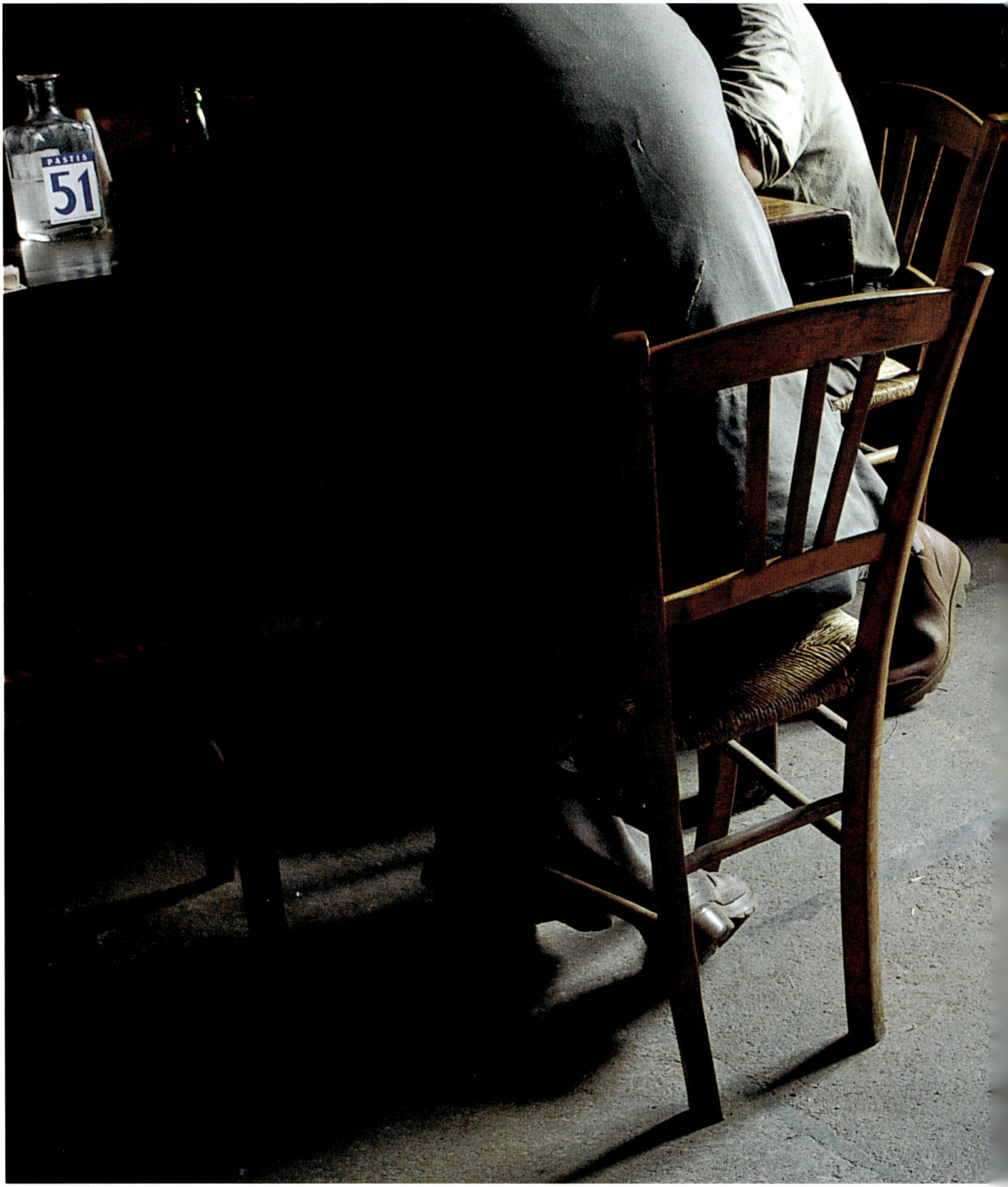
PASTIS
51

Pages 79-83 : Dans un village reculé du Massif-Central... Sol de granit, vaste cheminée, cuivres et tables robustes : ce café difficile à identifier de prime abord, dissimulé derrière ses deux pompes à essence, était déjà un relais de poste au XVIIIe siècle. De nos jours les chasseurs s'y réunissent avec leurs chiens.

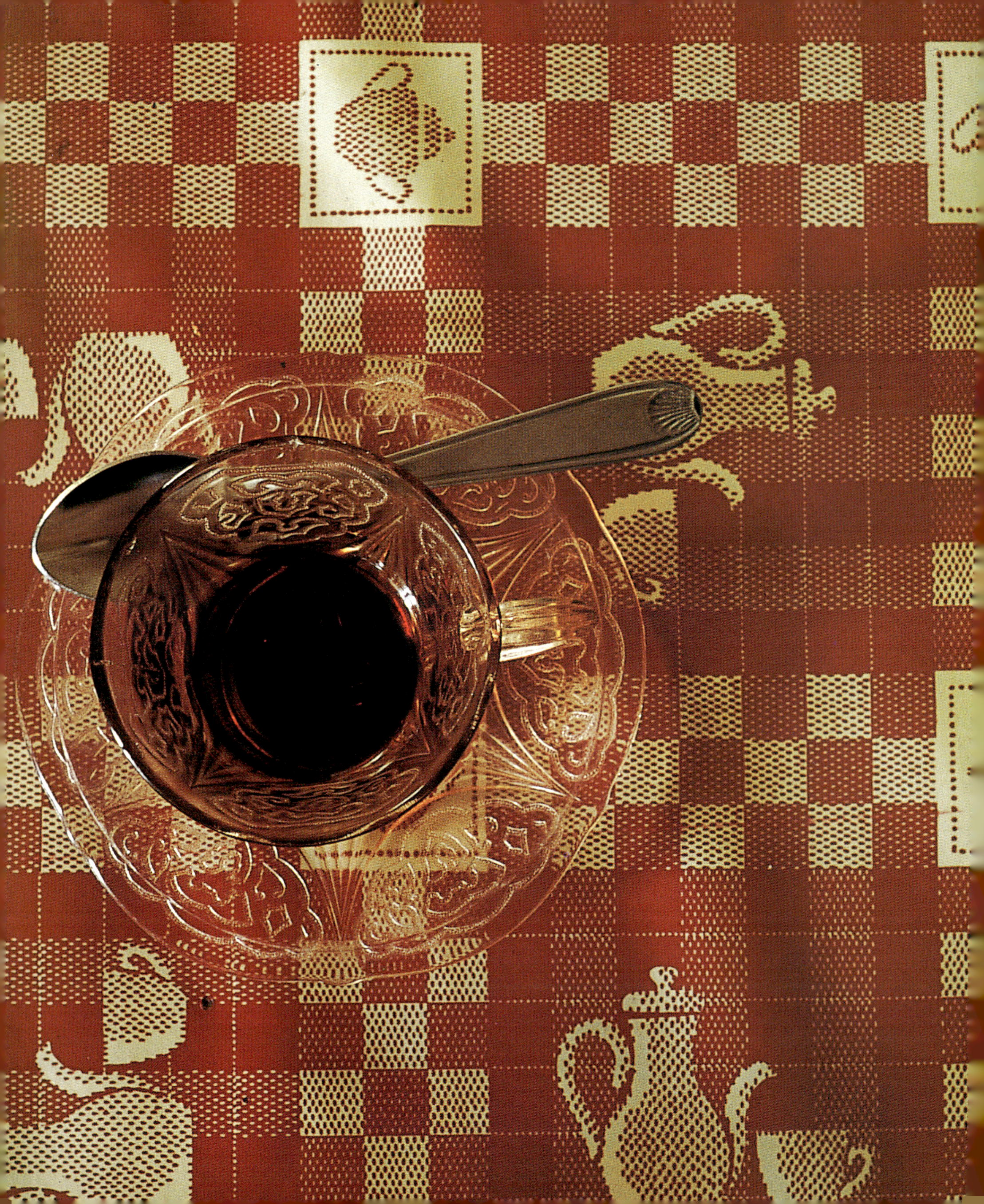

Au fin fond du Limousin… Signalé par un timide pannonceau "Café-Tabac" sur l'auvent de la maison d'un particulier, cet établissement distribue les journaux, le tabac et parfois le pain. Les mêmes habitués s'y retrouvent tous les jours à onze heures : un lavabo à l'extérieur permet de se laver les mains. Le café est servi dans des tasses en verre moulé sur des toiles cirées rouges aux motifs variés. La salle est dépourvue de comptoir et de point d'eau : tout se fait à la cuisine.

Chez Magne, Cap Ferret. Situé au bord de l'eau, ce café-hôtel-restaurant-épicerie, en dentelle de bois comme tous les châlets d'Arcachon, était autrefois une cantine forestière. Son épicerie (*ci-contre*) "dépanne" avec du cassoulet en boîte et des soupes en sachet. L'été, cet endroit modeste et précaire est happé par les gens à la mode qui viennent en pinasse.

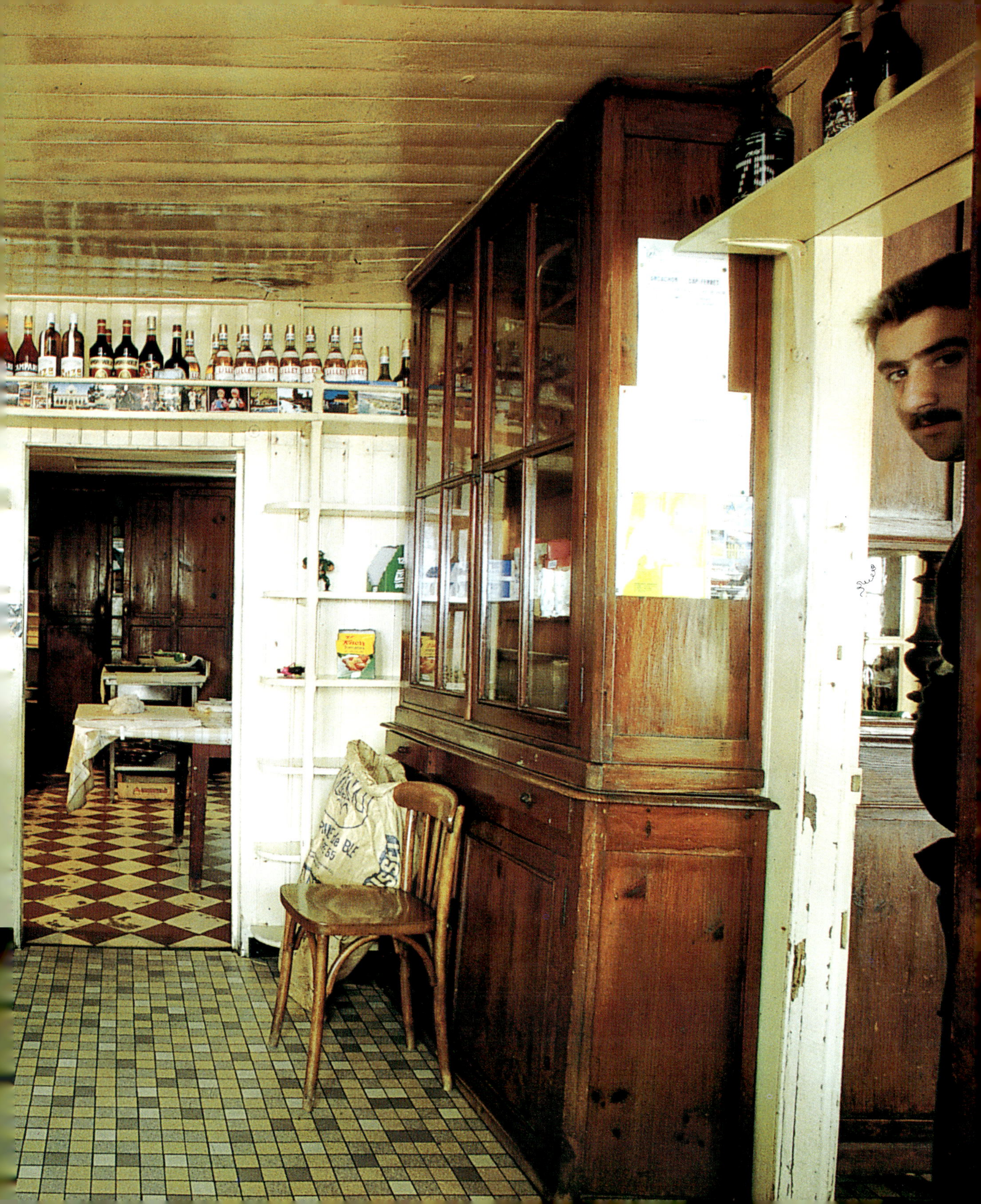
LILLET

Chez Magne, bassin d'Arcachon. La salle de café (*ci-contre*) vue de l'épicerie. Au-dessus de la cheminée (*vignette*), on découvre une photo du bassin d'Arcachon, un trophée de pétanque et des sièges fabriqués avec du fil de fer de bouchon de Champagne. *Ci-contre* : L'entrée, située à cinquante mètres du bassin et de ses parcs à huîtres.

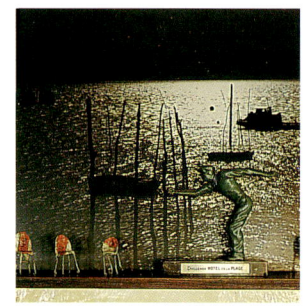

Ci-contre : Ayant juré de ne plus boire, ces compères tourangeaux se sont aménagé un café sans alcool face au tabac-journaux. *En bas, à gauche* : Sur la route de Guéret à Aubusson : il est difficile de croire que l'on se trouve devant la façade d'un café. A Eblinghem, dans le Nord, on a préféré installer une enseigne (*ci-dessus*) dans le potager.

En Touraine. Dans cette épicerie-buvette du côté de Loches, on sert à boire du rouge et du blanc ordinaires, mais jamais de café, dans une très petite salle de quatre ou cinq tables. Plus rentable, l'épicerie marche fort les jours de fermeture du supermarché. La patronne se désole pourtant, parce que «ce n'est plus comme avant».

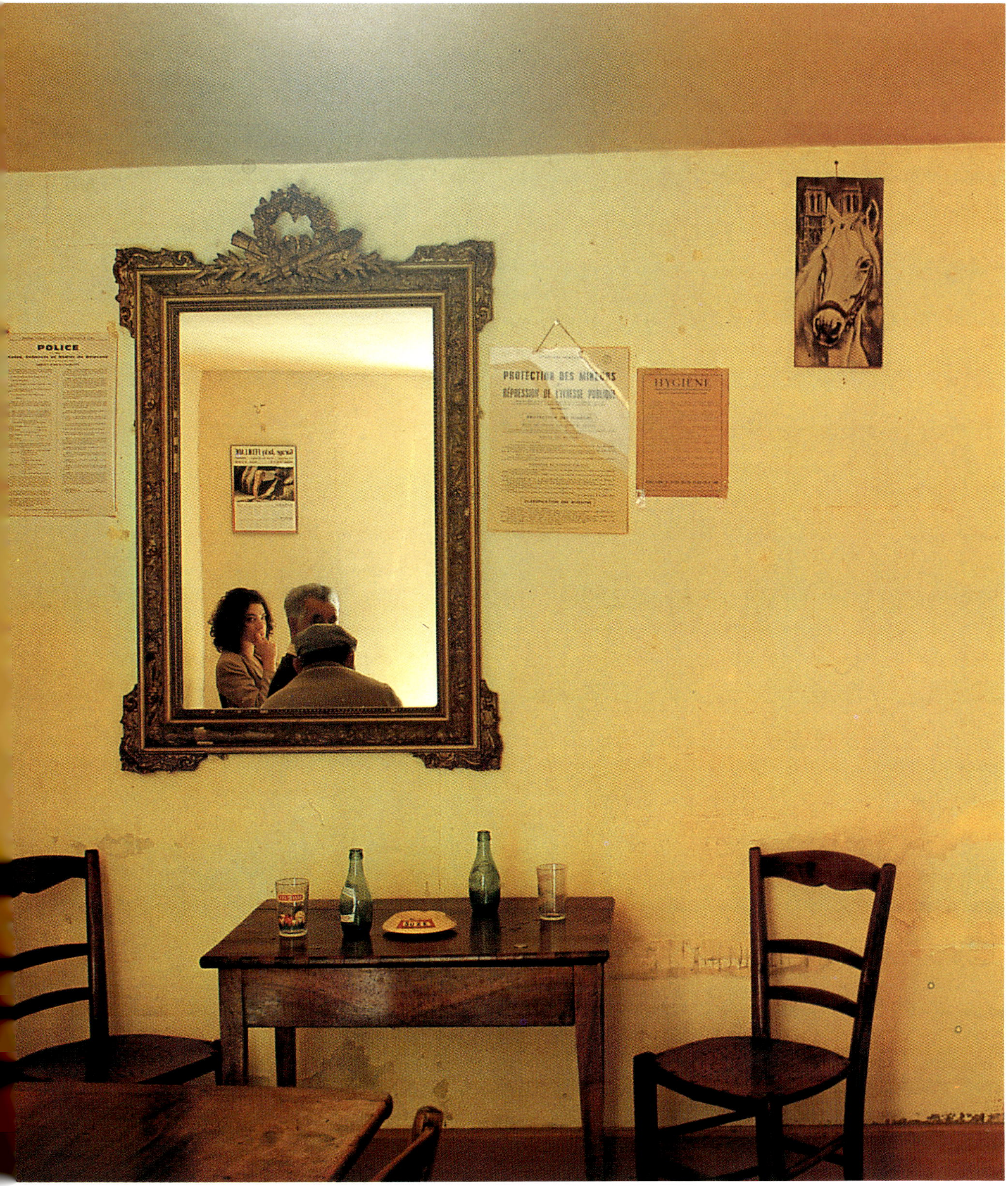
POLICE
HYGIÈNE

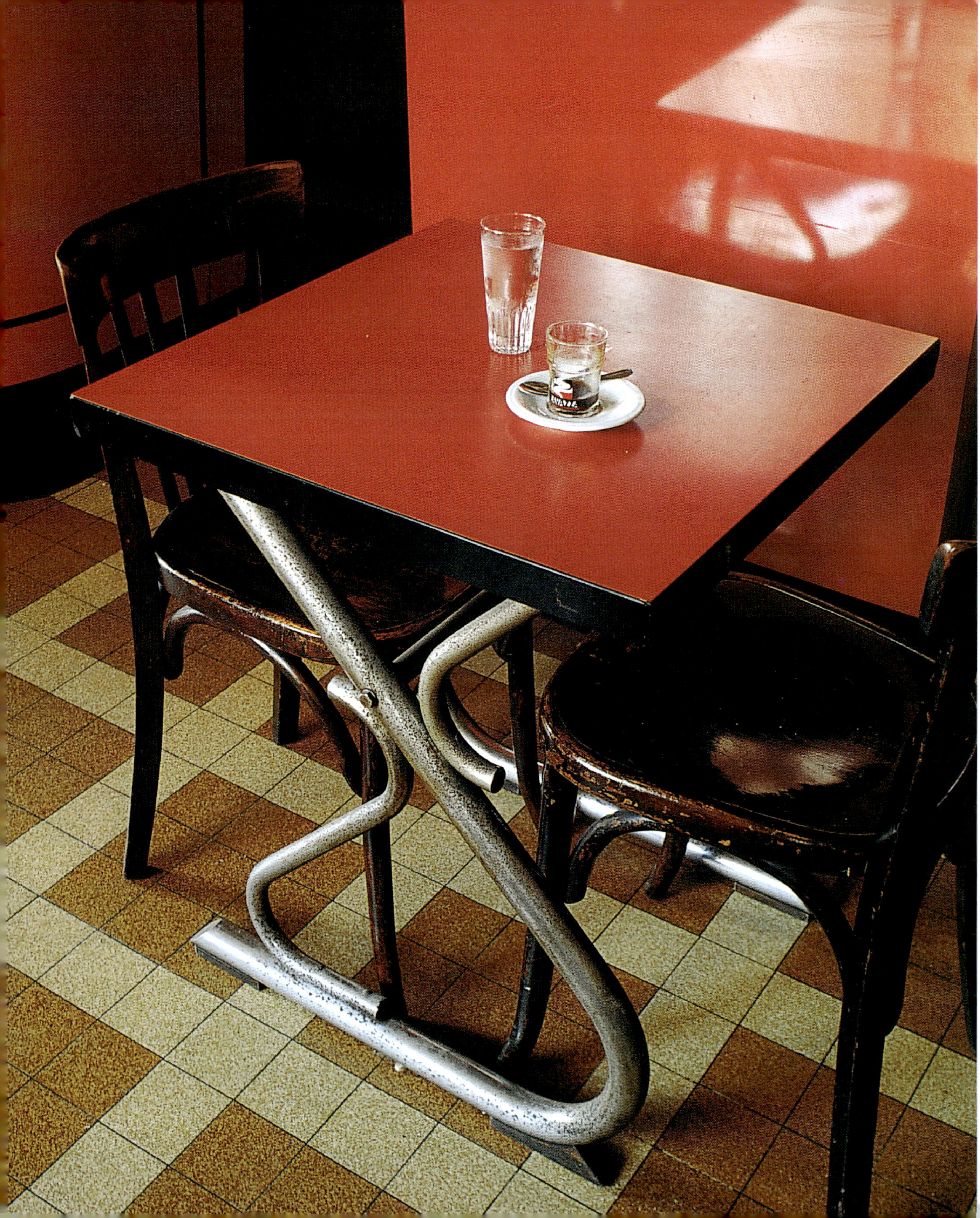

Dans les années 20, les cafés cessent de se tourner vers les styles passés, ils innovent, perdent de leur monumentalité. Le comptoir prend un rôle prépondérant : les clients, pressés, n'ont plus le temps de s'asseoir. L'espace n'évoque plus les salons. Le mouvement anglais Arts and Crafts (dont on trouve des échos au Cintra de Lyon), De Stijl en Hollande et le Bauhaus allemand ont commencé à exercer leur influence depuis plus de vingt ans déjà. Le Dôme, le Sélect, la Closerie des Lilas, la Rotonde, le Café de Flore, la Coupole offrent les exemples les plus éclatants d'une révolution du goût. Le couturier Poiret et les ballets russes ont exercé leur influence, Le Corbusier essaie d'imposer "l'anti-décor". A la Coupole, les piliers sont décorés par des élèves de Fernand Léger et le sol est orné d'un vaste dessin cubiste presque aussi beau que celui de la Closerie des Lilas. Méconnaissable aujourd'hui, L'Aubette, à Strasbourg, fut créé

DE STYLE EN STYLE

en 1928 par l'architecte Théo Van Doesburg (l'un des chefs de file du mouvement De Stijl) avec Jean Arp et sa femme, le peintre Sophie Taueber. «Ligne droite, plan horizontal, géométrie au sol, fonction dépouillée.» Ainsi, les cafés commencent à diffuser, à vulgariser les styles nouveaux. Au Cithea, rue Oberkampf, les salles sont encore parcourues de larges bandeaux aux bas-reliefs de plâtre, dans le goût de ceux des Folies-Bergère ou du Trocadéro. Après la Seconde Guerre mondiale, le plâtre devient la matière fétiche du décor des cafés : colonnes torsadées, encadrements de miroirs, coquilles répondent aux découpes complexes des plafonds à éclairage indirect et aux fresques naïves. Le Tournon à Paris, la Cursichella à Marseille gardent des traces pleines d'un charme fragile, voué à l'éphémère. Les années 50 se traduisent par un style coloré et dynamique mettant à contribution le métal peint, le plastique et

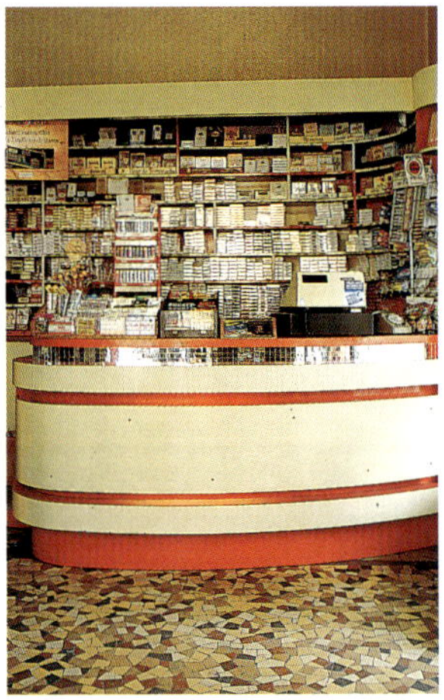

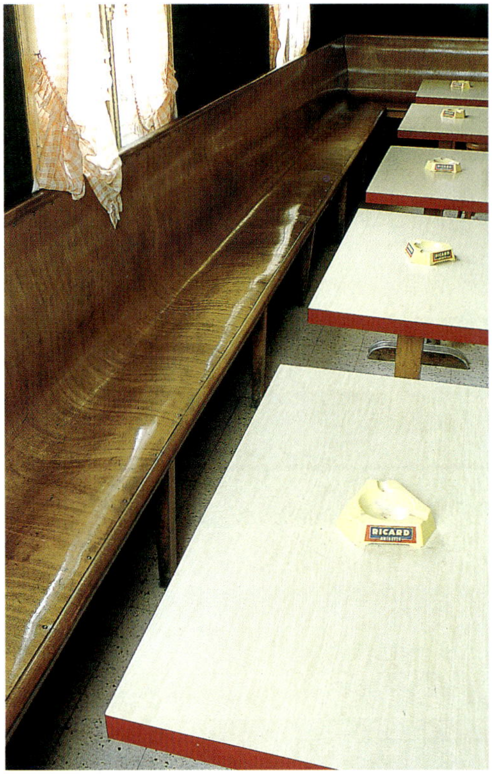
RICARD

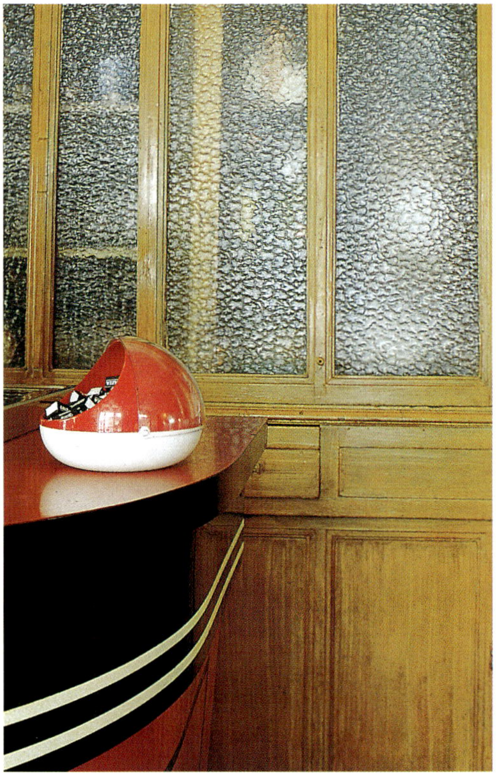

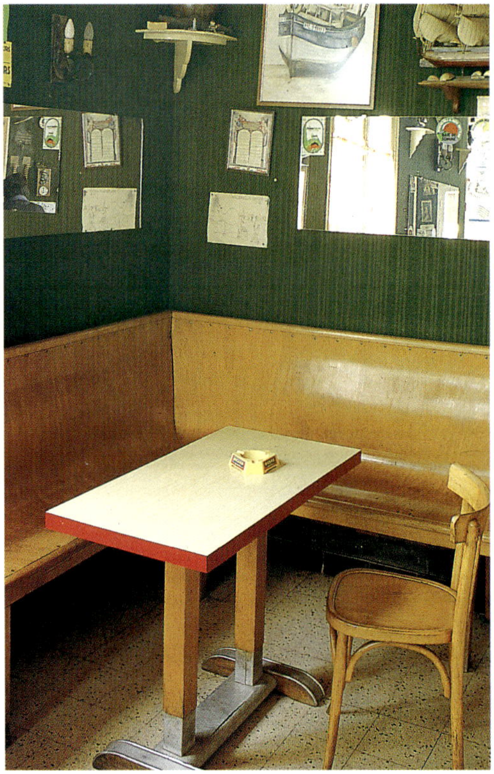

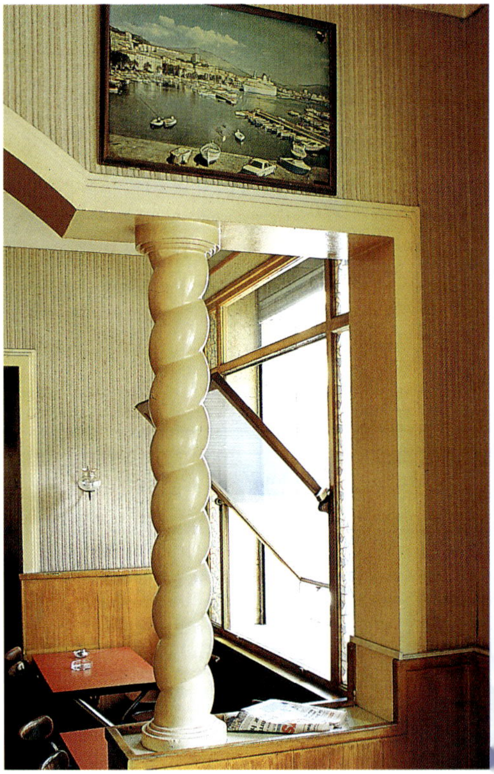

Le Formica est à l'honneur dans un petit café-tabac du quartier de la Plaine à Marseille (*vignette*), et sur les tables d'un café de marins de la baie de Somme, dont les longues banquettes sont en lamifié (*page de gauche, photos de gauche*). A **La Cursichella** (*page de gauche, photos de droite et ci-contre*), il succède aux peintures faux bois 1870 et aux colonnes torsadées des années 40 ; dans ce café marseillais, on boit le café dans un verre minuscule accompagné d'un grand verre d'eau (*page 92*).

les lamifiés, le néon et le béton brut. Les grandes expositions du moment (en 1947, "Le Beau dans l'utile", en 1943, "Le Fer et l'acier dans l'habitation", en 1945, "Le Plastique") cristallisent cette nouvelle esthétique. On a envie de "frigidaires", et les "frigidaires" ressemblent aux juke box. On a aussi envie de bois, de mieux-vivre scandinave, de rondeurs et de volutes, "plus humaines". Le contre-plaqué, les lamifiés et le lamellé-collé des banquettes, des chaises et des bars, associés aux tubulaires, se marieront bientôt à une pellicule de plastique colorée pour donner le Formica (Les frères Thonet avaient déjà, en 1850, commencé à ployer le bois : leurs chaises furent dès l'abord, et restèrent, associées au café.) Les couleurs primaires du skaï (à la Mondrian), ajoutent à la vibration dynamique de ce style où l'on ne craint pas de marier un bleu électrique ou un jaune canari avec du noir. L'évolution des matériaux des sièges est rapide : du polyester à la fibre de verre, puis aux coquilles de plastique moulé, quand, en 1970, le design s'emparera de l'espace du café et s'y développera - pas toujours à son avantage. A Paris, Le Pigalle, place Pigalle, les cafés d'étudiants (le Rouquet et le Bismuth, boulevard Saint-Germain), ou le Café du Cinéma à Nantes offrent d'éclatantes illustrations du style 1950. Sur les murs, hésitant entre Lurçat, Peynet et Jean Cocteau, des fresquistes laissent des oeuvres que multiplient les miroirs, avec pour thème le jardin du Luxembourg, des coqs, des colombines et des elfes sur fond de fleurs stylisées, ou encore des silhouettes graphiques dansant le boogie-woogie et un orchestre noir. A ce registre s'ajoute celui des panoramiques de paysages que les provinciaux ont dû laisser "là-bas" : pics des Pyrénées, volcans d'Auvergne, sous-bois d'automne se mettent à couvrir des pans entiers de murs. C'est en somme le textile qui est le grand perdant de ces révolutions, ne subsistant plus que dans les rideaux de dentelles des cafés du Nord, le velours des banquettes trop vite usé et réservé aux endroits les plus chics et les plus chers.

Lyon, le **Cintra** (*photos de gauche*). Ce café-restaurant élégant et cossu, enveloppé de bois, avec ses plafonds à caissons néo-Renaissance et ses motifs en cuivre néo-gothique, fut créé en 1921 dans un style qui rappelle l'Arts and Crafts, ce mouvement esthétique très important pour les Anglais, avec une vingtaine d'années de retard.
En haut, à droite: Paris, **La Palette,** rue de Seine. Le comptoir aux motifs Art déco des années 1920 répond à des céramiques tardives "à la Mucha".
Ci-contre: Marseille. Sur le marché de la place Jean-Jaurès, un café-tabac 1930 au charme mélancolique allie les mosaïques orientalisantes aux peintures début de siècle et au Formica récent.

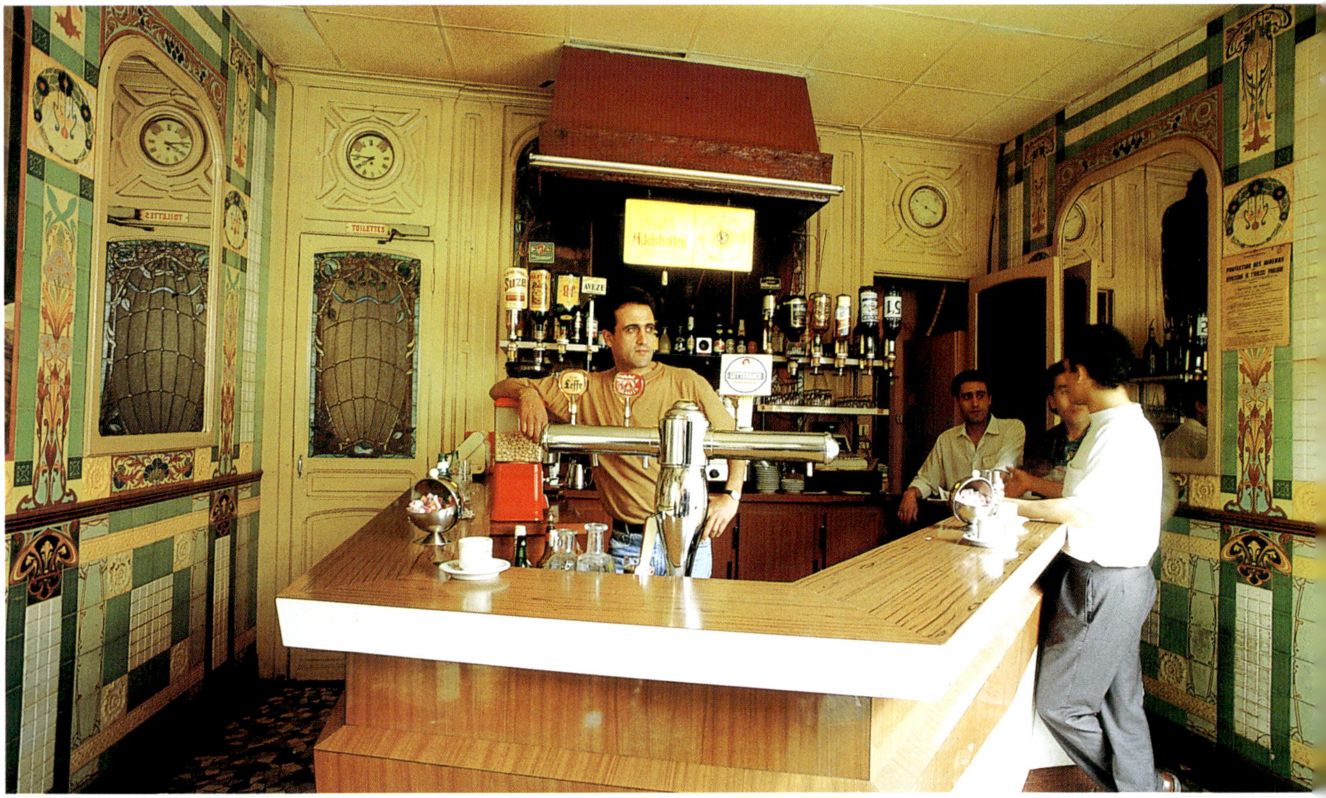
TOILETTES
TOILETTES
Suze
AVEZE
Leffe

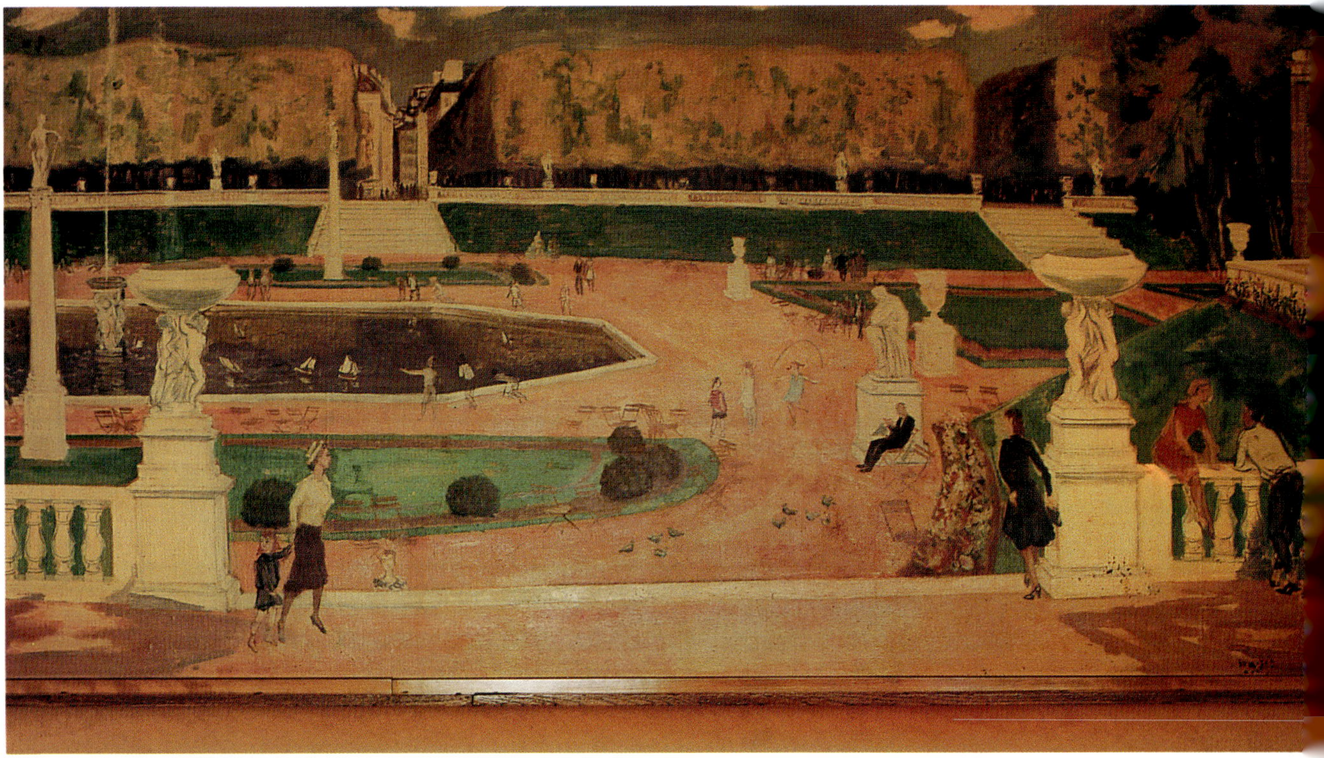

En haut, à gauche, et ci-contre : Paris, le **Bar Parisien**. Ouvert sur l'un des marchés grouillants de Barbès, le Bar Parisien a su garder son décor original de céramique fin-de-siècle autour du grand tableau panoramique "Le Roi boit" (signé S.D.V.P. rue de Paradis) inspiré d'une scène de taverne germanique du moyen âge. Le comptoir, désormais en Formica, a gardé sa forme initiale de fer à cheval ; il occupe toute la pièce. La façade est entièrement vitrée.

Page de gauche, en bas : Paris, **Le Tournon**. Les fresques peintes représentant le Jardin du Luxembourg et des jeux d'enfants sont avec le plafond les seules traces 1950 de ce décor qui reste malgré tout attachant.

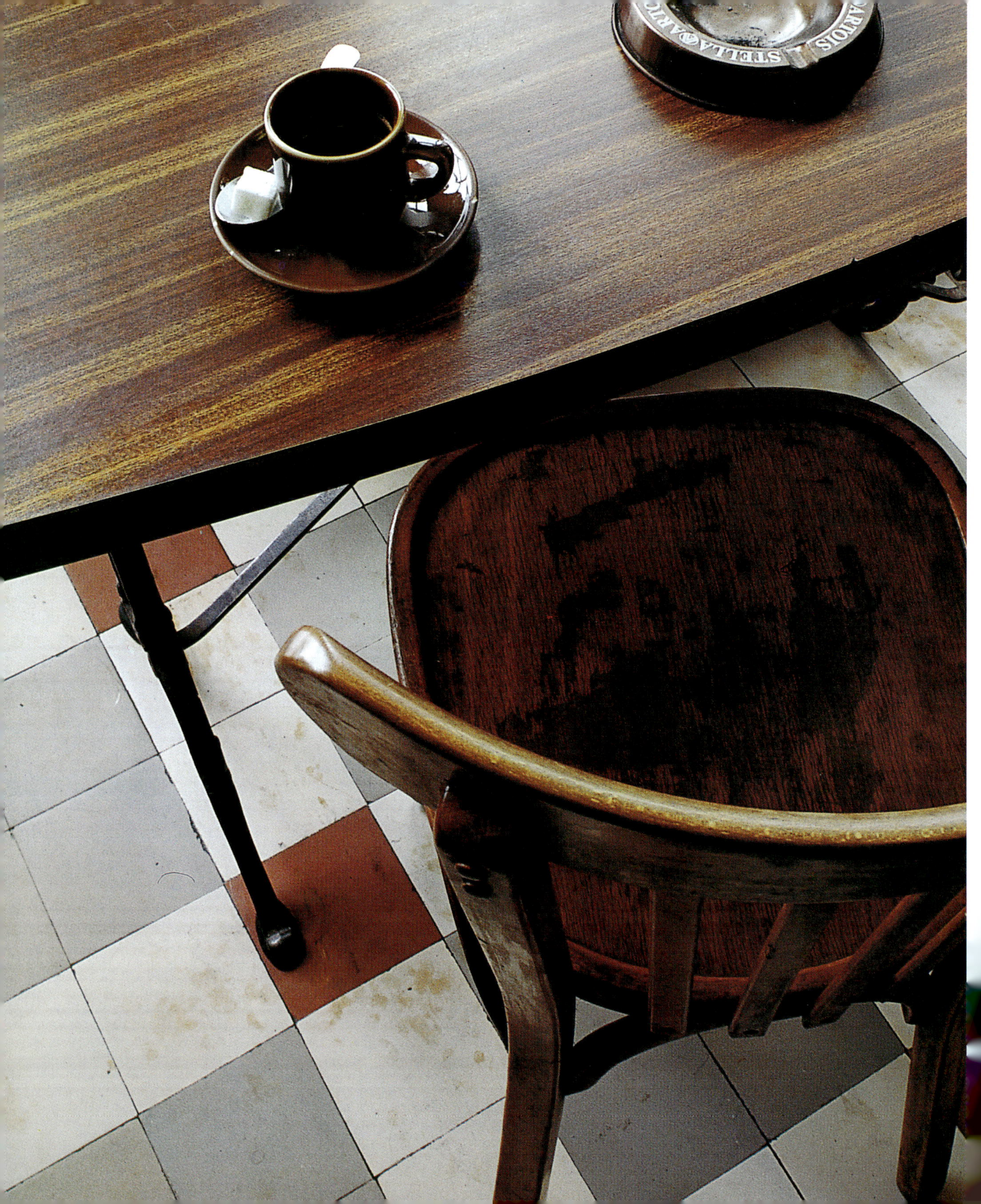
ARTOIS
STELLA ARTO

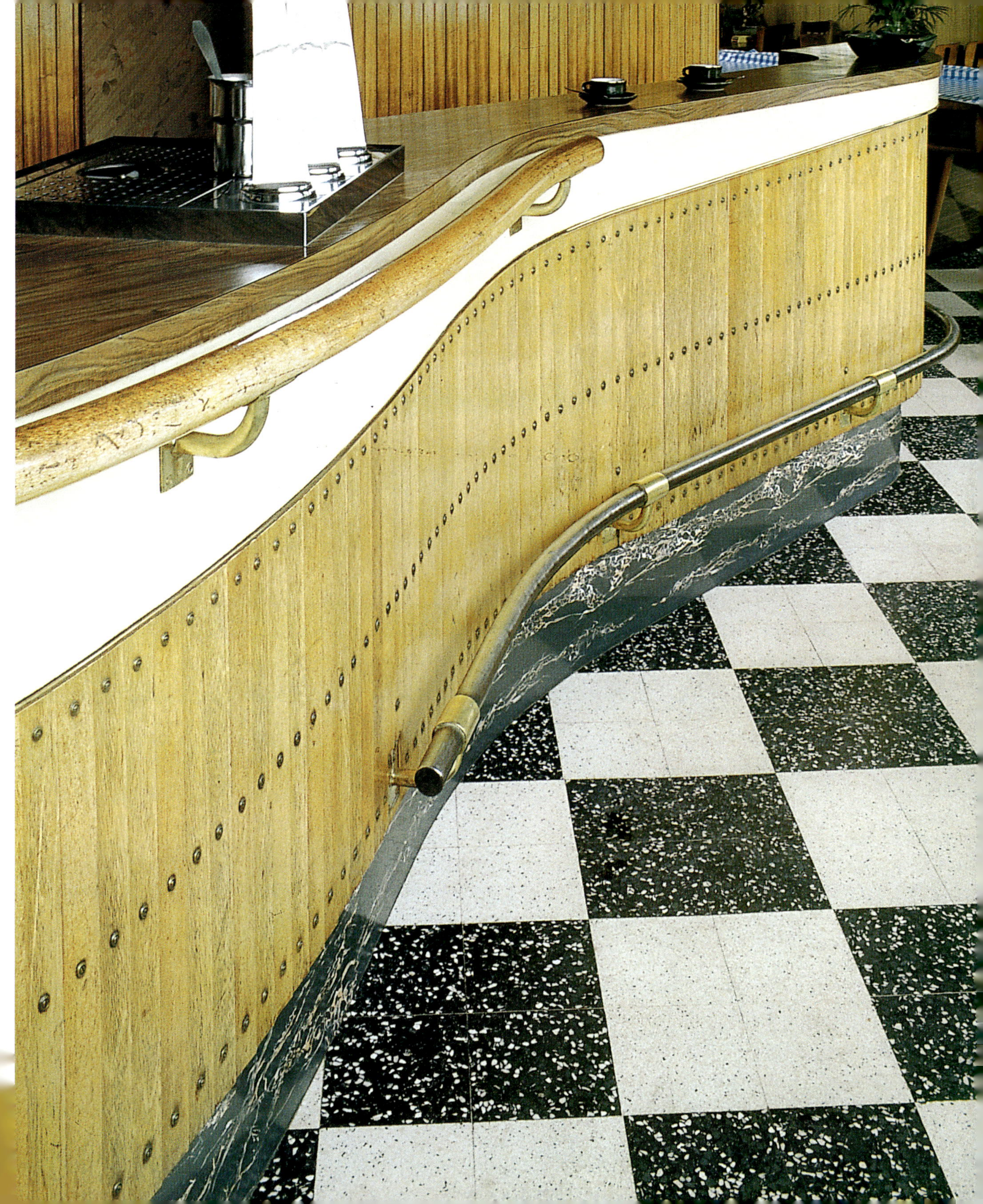

Page 100 : **Le Gallia**, à Cucq, se trouve au bord de la route du Touquet à Paris. Dans ce café de style 50 se réunissent les footballeurs et leurs supporters, qui viennent y acheter *L'Equipe*.

Pages 101 - 103 : Le **Café du Siècle,** au Crotoy, sur la baie de Somme.

C'est l'actuel patron de ce superbe café de l'intérieur du village qui a décidé du décor coloré. Il a commandé le bar en lamifié et Formica au menuisier local en 1965. Aux heures creuses, queues de billard et jeux de dés voisinent avec le cartable et les devoirs des enfants.

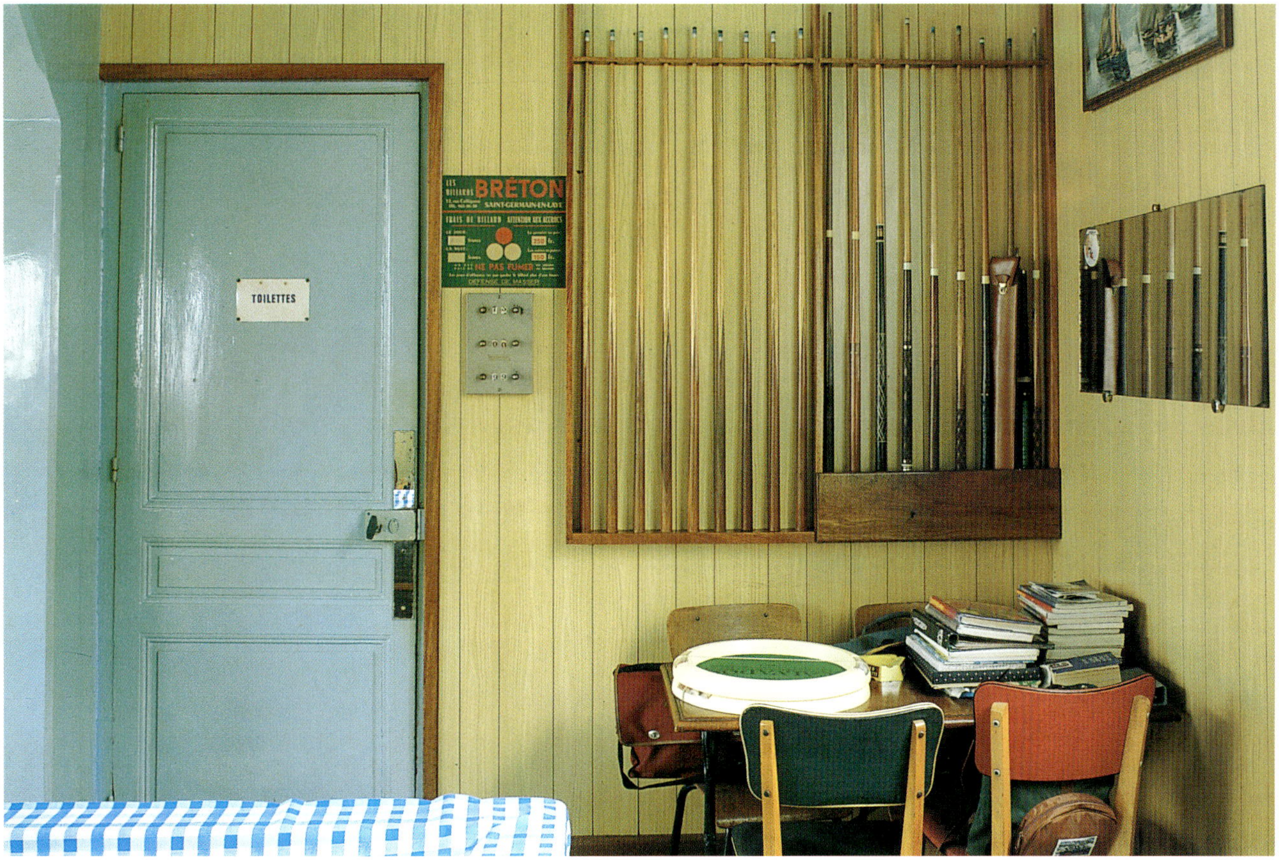
TOILETTES
BRÉTON
SAINT-GERMAIN-EN-LAYE
NE PAS FUMER

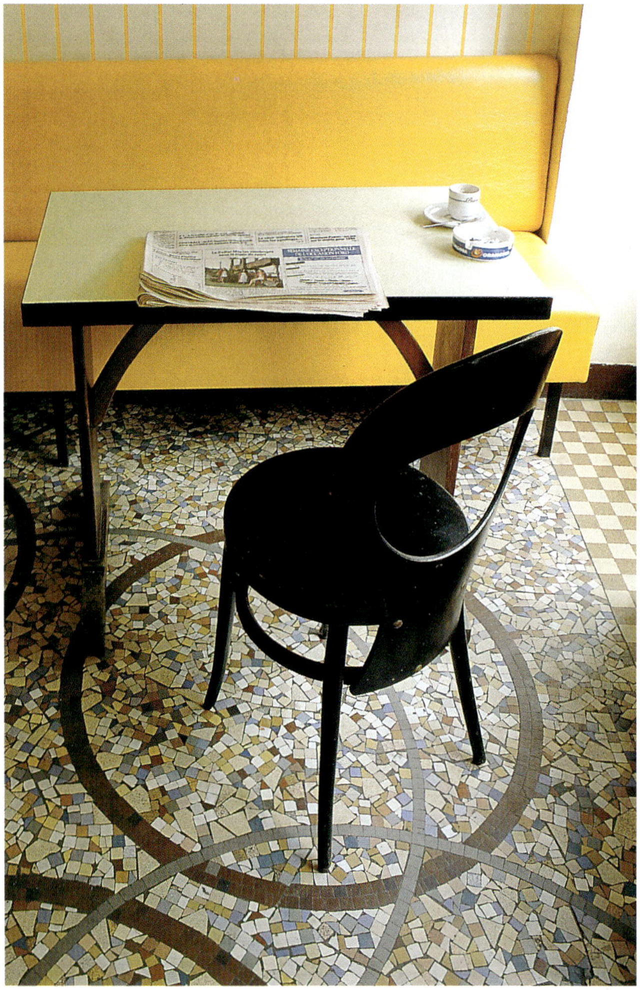

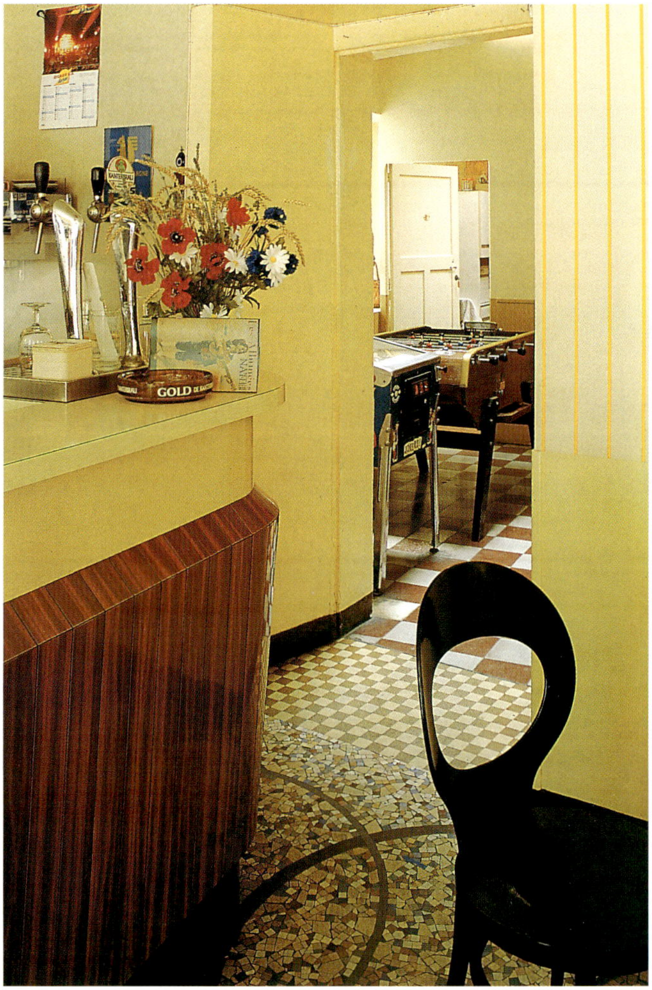
GOLD

Page de gauche : Nantes, le **Café du Cinéma**. Chaise en bois moulé, mosaïque, skaï et façade 1955 (*vignette ci-dessous*) pour ce café minuscule plein d'atmosphère à l'écart du vieux quartier du Bouffay.

Ci-contre : Paris, **Le Pigalle**. Béton coloré, fer peint, céramiques de couleurs vives et volumes complexes pour ce beau café 1950, décoré d'une fresque de poulains, de masques et d'arbres sur fond noir à la Ledoux, signé Lecoq, 1954.

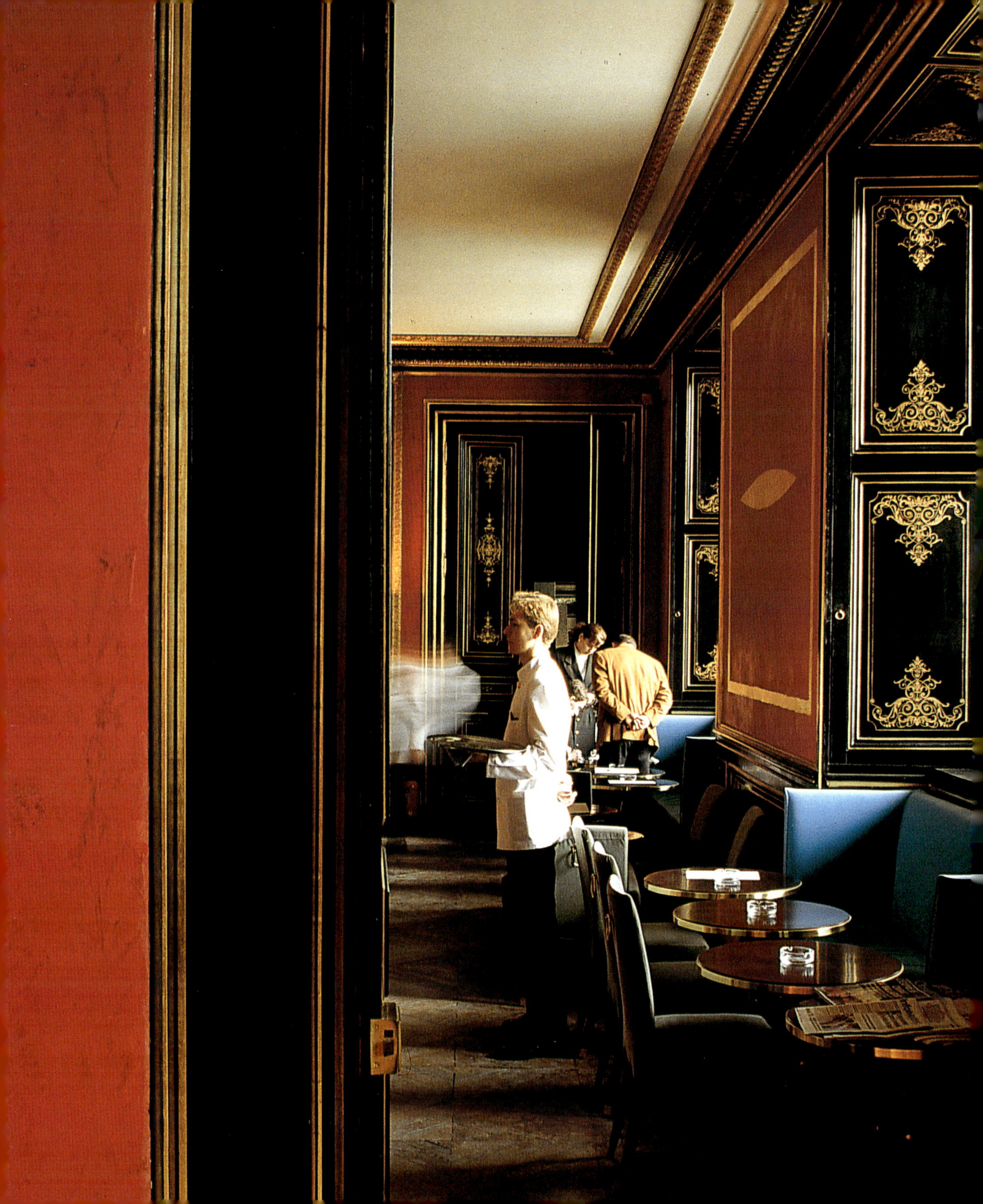

Dans les années 70, assassinés par les drugstores venus d'une Amérique triomphante, méprisés par leurs propriétaires qui n'ont de cesse de les "moderniser", les cafés français ferment ou se transforment en lieux fonctionnels, similaires et sans grâce; dans les villes nouvelles on oublie qu'ils pourraient être des lieux de communication bien utiles. Intellectuels et marginaux se réfugient dans les vieux bistrots de quartier, sombres et traditionnels. A Paris, on redécouvre la Bastille et sa rue de Lappe, fief des bougnats; aux Halles - quartier en plein mouvement -, un ancien garçon de café auvergnat, Jean-Louis Costes, demande à Philippe Starck de penser un café sans comptoir dans la tradition des grands établissements d'autrefois. Le Café Costes ouvre en 1985 place des Innocents et va devenir pour certains un "café-culte". Starck a alors créé des meubles pour l'Élysée, remodelé les Arts décoratifs, participé à l'élaboration

CAFÉS-CULTE

du Parc de la Villette, dessiné meubles et objets pour le catalogue de vente par correspondance des 3 Suisses. Il est enthousiaste et conçoit un lieu vaste et sobre où domine la couleur vert-de-gris, à l'honneur dans les années 80. Il rajeunit les guéridons, les banquettes, reprend l'idée des miroirs biseautés, attache une attention particulière aux espaces de sous-sol - téléphone et toilettes -, ce qui ne s'était pas fait depuis 1920. L'ambiance est rigoureuse, les matériaux froids. Le mur de Berlin n'est pas encore tombé et Starck, nostalgique de l'Europe de l'Est, voudrait évoquer le «buffet mélancolique de la gare de Prague». Le succès de ce romantisme post-moderniste se traduira par la création de beaucoup de petits cafés "à la Starck" en province. Ils côtoieront les cafés style "Putman", grande dame du design, avec leurs contrastes de noir et de blanc. Vers la même époque, au-dessus des vérandas

Pages 106, 108-109 : Paris, le **Café Marly.** Créé en 1994, par Olivier Gagnère et Yves Taralon, à l'intérieur de ce qui fut le Palais du Louvre, dans le salon Morny, le Café Marly bénéficie d'une situation fabuleuse. Eclatant de couleurs, il donne à la fois sur la pyramide de Pei et la cour Marly, où est exposée la sculpture française du XVIIIe.

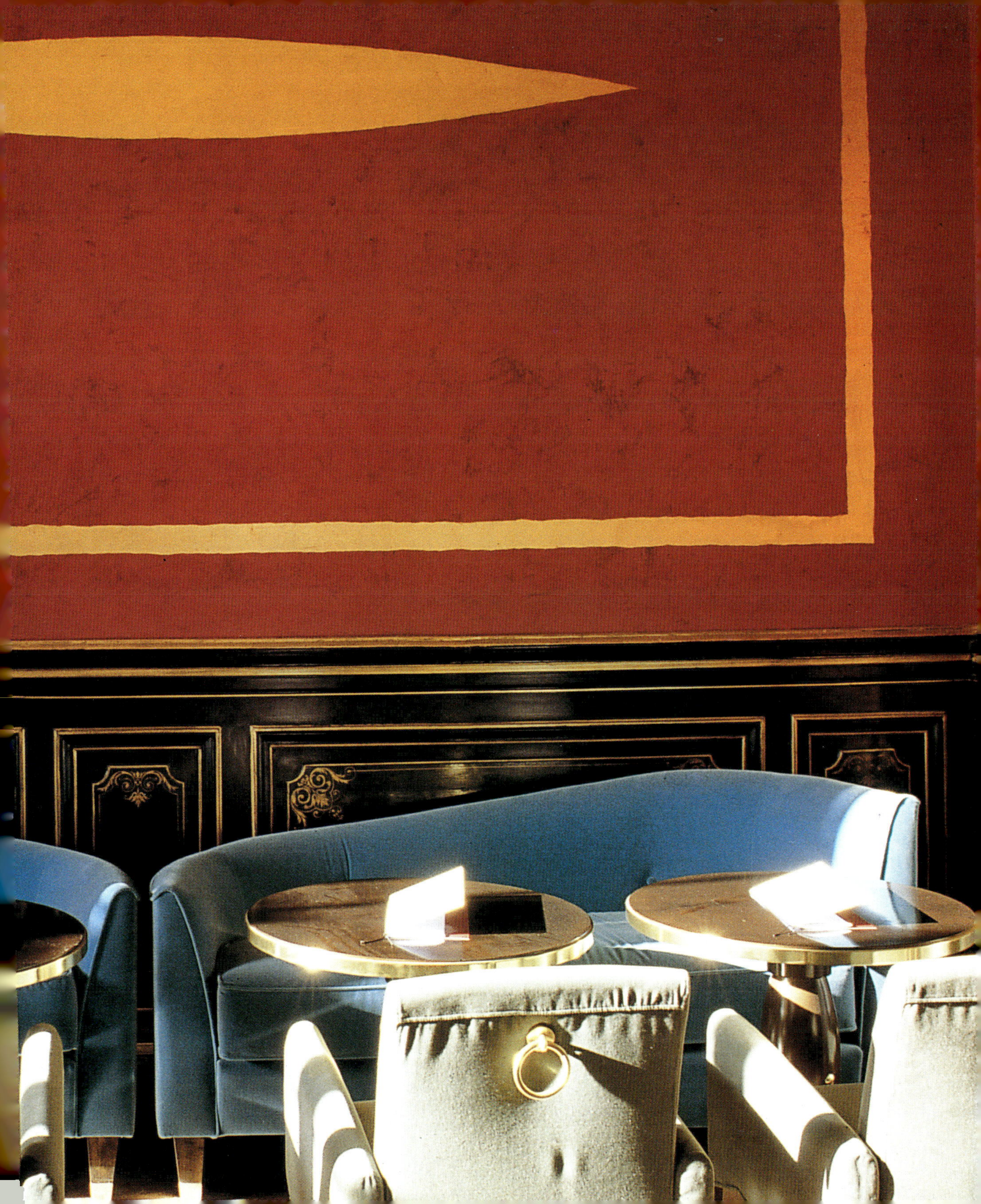

préfabriquées d'autres cafés, les "carottes" en métal peint qui annoncent la vente de tabac (par analogie avec la forme ancienne des pains de tabac) cèdent la place au vilain losange près du rectangle vert et rouge du P.M.U., aux quatre cubes bleu et rouge du loto, aux publicités pour la bière et, enfin, au ticket vert de métro frappé RATP : tout cela contribue au chaos graphique. A l'intérieur (où le billard garde une étonnante vitalité) sont apparus les moyens de communication nouveaux : téléphone portable des consommateurs, ordinateur des garçons. Avec la récession, journalistes, brocanteurs, metteurs en scène émus par ces lieux de mémoire tentent de restaurer, de copier, voire de pasticher les cafés populaires du début du siècle, créant un mini phénomène sociologique : c'est ainsi que Le Cochon à l'Oreille, Le Clown et surtout le Café de l'Industrie deviennent des lieux à la mode. Mais l'événement de cette fin de siècle sera sans doute le Café Marly. Il appartient à Jean-Louis Costes, qui, avec son frère Gilbert, est aussi le propriétaire du Costes et du Café Beaubourg : en quoi ils reprennent et prolongent la tradition du patron de café auvergnat. Le Marly, signe du retour au café bourgeois des années 1880 avec son "velours amarante" chanté par Huysmans, offre même des connotations antérieures, telles qu'on en trouve aux Deux Garçons, avec leurs brûle-parfums. La référence à l'antique est ici donnée par les lustres en verre de Venise et par les murs pompéiens "en terre d'Herculanum" : traités de façon très sophistiquée, ces murs représentent le goût de l'époque pour les beaux matériaux et le raffinement de l'exécution. L'endroit n'est pas dénué d'humour et marque une certaine distance face aux styles jusqu'à présent consacrés : ce Café Marly confortable, chic et feutré fait somme toute penser au Florian de Venise, dont Henri de Régnier écrivait en 1909 : «Ces petites salles sont avenantes par la courbe de leurs sièges et leur air d'intimité. On s'y sent vite chez soi (...) malgré un aspect gentiment démodé, agréablement rococo, et un peu dans le goût de notre Second Empire.»

Ci-contre : Le **Café Costes**, dans le quartier des Halles, à Paris. Créé en 1985 par Philippe Starck, ce grand café post-moderne sans comptoir est très vite devenu un symbole des années 1980.

Ci-dessus : Face au Centre Pompidou, le **Café Beaubourg** imaginé par Christian de Portzamparc, à la fin des années 80, attire les galeristes, les peintres et les marchands.

*« Le verre de rouge est devenu
le rite universel de communication.
Le bistrot, c'est l'oasis. »
Edgar Morin*

L'auteur remercie

B. Saalburg

R. Beaufre

J. Chouty

A. de Condé

C. Cussinet

J. Pinçon

J.-L. Gaillemin

pour leurs conseils complices

GUIDE

Sont rassemblés ici cent cafés de Paris, de banlieue, de province, dont le décor, la situation ou l'atmosphère ont retenu notre attention. Ceux qui sont classés ou portés à l'Inventaire des Monuments Historiques sont accompagnés de la mention M.H. Des établissements apparaissant dans le livre peuvent ne pas figurer dans ce guide, et vice-versa. Ainsi, à la campagne, les cafés sont parfois si précaires, si menacés, et tellement loin de tout qu'on ne peut s'y risquer à y envoyer des lecteurs. C'est également la raison pour laquelle certains numéros de téléphone sont omis.

PARIS - CAFÉS

Ier LE CAFÉ DE L'EPOQUE
2, rue du Bouloi 42 33 40 70. Parce qu'il s'inscrit dans le délicieux passage Véro-Dodat au bord du quartier des Halles.

Ier LE COCHON A L'OREILLE
15, rue Montmartre 42 36 07 56. Pour ses panneaux de céramique retraçant la vie des Halles.

Ier LE BRIN DE ZINC
50, rue Montorgueil 42 21 10 80. Dans le quartier des Halles. Pour son sol, son comptoir et ses verres gravés 1900. Rénové.

Ier CAFÉ COSTES
4, rue Berger 45 08 54 38. Au coeur des Halles. Décor inoubliable 1980, mobiliers et toilettes de Philippe Starck. Café-culte.

Ier LE GUTENBERG
29, rue Coquillière 45 08 11 11. A deux pas de la place des Victoires, centre de la mode. Pour ses fixés sous verre "modernistes" vert et or.

IIIe LA BOURGOGNE
19, place des Vosges 42 78 44 64. Pour sa très agréable terrasse sous les arcades d'une des plus belles places de Paris.

IIIe LE PETIT FER A CHEVAL
30, rue Vieille-du-Temple 42 72 47 47. Dans le Marais. Pour son comptoir exceptionnel en fer à cheval, son arrière-salle et ses toilettes en métal boulonné façon "sous-marin".

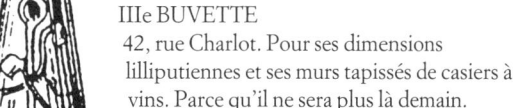

IIIe BUVETTE
42, rue Charlot. Pour ses dimensions lilliputiennes et ses murs tapissés de casiers à vins. Parce qu'il ne sera plus là demain.

IIIe L'ALLEE THORIGNY
2, place Thorigny. Pour son bar 1920, pour son atmosphère contemporaine et parce qu'il est tout près du musée Picasso.

IVe CAFÉ DES DEUX PALAIS
3, boulevard du Palais 43 54 20 86. Pour son décor à miroirs du XIXe siècle métissé de drugstore ; pour son public de magistrats, de gens de loi.

IVe LA TARTINE
24, rue de Rivoli 42 72 76 85. Vieux café auvergnat "dans son jus". Des intellectuels depuis toujours. Café culte.

IVe LE BEAUBOURG
43, rue Saint-Merri 48 87 63 96. Face au Centre Beaubourg, rendez-vous des galeristes et des conservateurs. Pour son décor des années 80, net et dépouillé, signé Christian de Portzamparc.

IVe LE MARLY
93, rue de Rivoli 49 26 06 60. Dans la tradition des grands cafés chics, futur "café-culte" de la fin du XXe siècle. Pour son somptueux décor 1994 d'Olivier Gagnère et Yves Taralon, face à la pyramide du Louvre, dos à la cour Marly.

Ve LE MONACO
2 bis, rue des Écoles 43 54 87 81. Pour son décor 1950 jaune serin.

Ve CAFÉ MAURE DE LA MOSQUEE
39, rue Geoffroy - Saint-Hilaire 43 31 18 14.
Pour son décor sublime à la Pierre Loti, son
thé à la menthe et ses cornes de gazelle.

VIe CAFÉ DE FLORE
172, boulevard Saint-Germain 45 48 55 26. Pour
son décor 1925, sa situation, son rôle de café
littéraire et mondain, parce qu'il est bon de s'y
donner rendez-vous. Café-culte. (M.H.)

VIe LES DEUX MAGOTS
6, place Saint-Germain-des-Prés 45 48 55 25. Pour
son décor néo-Louis XVI, sa lumière et sa vue sur
Saint-Germain.

VIe LE SELECT
99, boulevard du Montparnasse 45 48 38 24. Pour
son passé, son décor et ses moulures Art déco.

VIe LE BONAPARTE
42, rue Bonaparte 43 26 42 81. Pour se donner
rendez-vous. Pour sa vue sur l'église Saint-Germain-
des-Prés.

VIe LE CAFÉ DE LA MAIRIE
8, place Saint-Sulpice 43 26 67 82. Pour sa terrasse
ombragée donnant sur la place Saint-Sulpice, son
église et sa fontaine.

VIe LA BRULERIE DE L'ODEON
6, rue de Crébillon 43 26 39 32. Pour son
décor de torréfacteur et de magasin colonial hors des
modes et parfumé.

VIe LA PALETTE
43, rue de Seine 43 26 68 15. Arrière-salle 1900. Café-
culte des étudiants et des artistes. (M.H.)

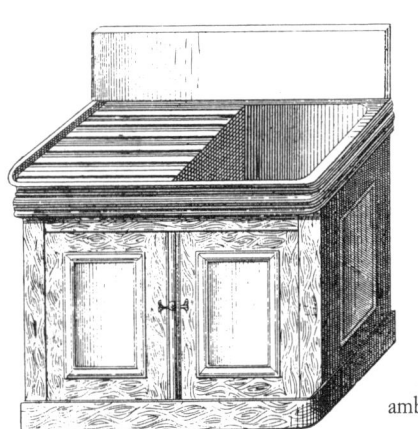

VIIe LE SAUVIGNON
80, rue des Saints-Pères
45 48 49 02. Pour son
comptoir début de siècle,
ses dessins humoristiques
liés à la famille auvergnate
qui le possède.

VIIe LE ROUQUET
188, boulevard Saint-
Germain 45 48 06 93.
Pour son style
modeste 1950 et son
ambiance étudiante.

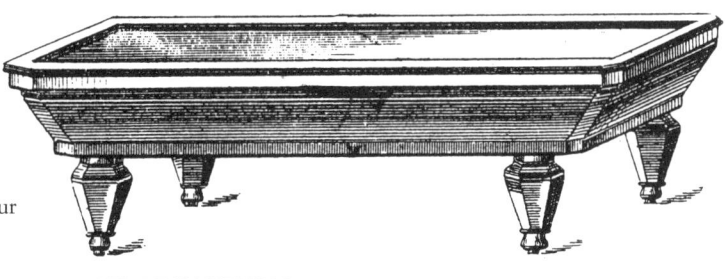

VIIe LE TOURNON
18, rue de Tournon 43 26 16 16. Pour sa vue
sur le Sénat, son plafond et ses fresques après-guerre
montrant les jardins du Luxembourg.

IXe CAFÉ DE LA PAIX
12, boulevard des Capucines, place de l'Opéra 40 07
30 10. Pour son pompeux intérieur Louis XVI, son
plafond Garnier et ses colonnes doriques.

XIe AUX CUVES D'ARGENT
104, rue Saint-Maur 43 57 16 02. Pour son décor et
son atmosphère de quartier populaire.

XIe CAFÉ-TABAC
109, rue Oberkampf. Pour ses billards, son mobilier,
sa fausse grandeur nostalgique.

XIe LE CITHEA
114, rue Oberkampf 40 21 70 95. Pour ses moulures
1920 et son billard, son cadre rénové.

XIe BAR DU CLOWN
114, rue Amelot 43 55 87 35. A côté du Cirque
d'Hiver. Pour ses céramiques. Parce qu'il tente de
garder le charme d'un club pour amoureux
du cirque. (M.H.)

XIe LA ROTONDE-BASTILLE
17, rue de la Roquette 47 00 68 93. Pour se donner
rendez-vous à la Bastille. Pour son paysage de rue.

XIe LA RENAISSANCE
87, rue de la Roquette. Pour son ambiance sombre et
traditionnelle, son sol, son bar, sa clientèle de quartier.

XIe LE BLUE BILLARD
111, rue Saint-Maur 43 55 87 21. Pour son décor
contemporain. Pour ses arrière-salles de billard.

XIe L'INDUSTRIE
12, rue Sedaine. Parce que ce remake de
café populaire sombre et traditionnel attire tous les
jeunes branchés.

XIe LA PALETTE-BASTILLE
116, avenue Ledru-Rollin 47 00 34 39. Pour son Modern Style (rénové) et ses carrelages. (M.H.)

XIIe LE LIMONAIRE
88, rue de Charenton 43 43 49 14. Sombre, traditionnel 1900. Bien restauré, comptoir, sol et sièges.

XIVe LES MOUSQUETAIRES
77, avenue du Maine. Pour son décor contemporain. Pour son billard sous une coupole à l'ancienne.

XVe CHEZ WALCZACK
75, rue de Brancion 48 28 61 00. Sombre et traditionnel, couvert de photos à la gloire de la boxe. Nostalgique.

XVIIIe LE RONSARD
13, place Saint-Pierre 46 06 03 38. A proximité du marché Saint-Pierre, temple des tissus 2° choix. Pour sa terrasse avec vue en contre-plongée sur le Sacré-Coeur.

XVIIIe LE BAR PARISIEN
36, boulevard d'Ornano. Pour son décor en faïence "Le Roi boit" sur le thème d'une fête flamande au moyen âge. Populaire.

XVIIIe LUX BAR
12, rue Lepic 46 06 05 15. Pour son décor en carrelage 1900 relatant la vie dans les rues de Paris. Rénové de façon hybride. Populaire.

XVIIIe LE PIGALLE
22, boulevard de Clichy 46 06 72 90. Pour son décor style 1950, très bien restauré, et ses fresques sur fond noir. (M.H.)

XVIIIe LE BOUGNAT
39, rue Durantin 42 62 15 82. Pour ses dimensions intimistes, pour sa mémoire des cafés-bois-charbons d'antan.

XXe LE PISTON-PELICAN
15, rue de Bagnolet 43 70 23 93. Parce que c'est un authentique café populaire dont tout le très beau décor est encore "dans son jus".

XXe CAFÉ-BOIS-CHARBONS
49, rue Orfila 46 36 73 60. Pour sa façade de vieux bougnat, son ambiance "à la maison", avec feu de bois dans la cheminée.

SAINT-OUEN (93400)

CHEZ LOUISETTE
130, avenue Michelet 40 12 10 14. Parce qu'il s'inscrit à l'intérieur du marché aux puces de Clignancourt dans le Marché Vernaison. Avec un décor populaire et des chanteurs néo-réalistes dans la lignée de Piaf (sam-dim-lun).

LA CHOPE DES PUCES
122, rue des Rosiers 40 11 02 49. Pour son ambiance populaire au coeur du marché aux puces, pour les guitares des tziganes et des manouches (sam-dim-lun).

PARIS-BRASSERIES

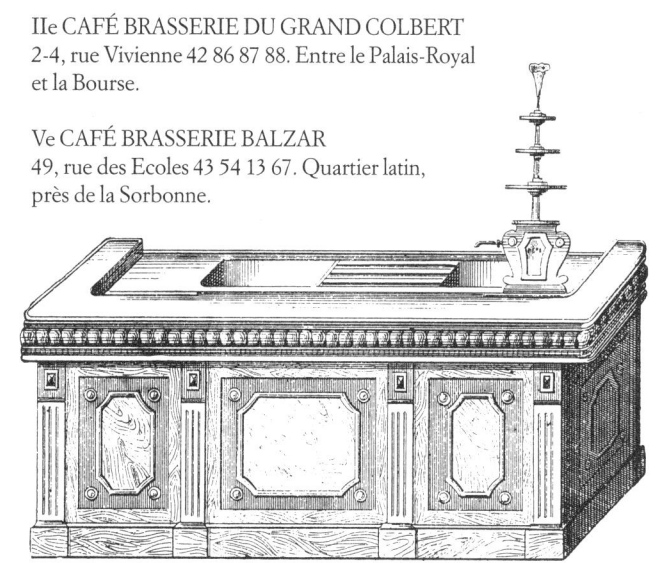

IIe CAFÉ BRASSERIE DU GRAND COLBERT
2-4, rue Vivienne 42 86 87 88. Entre le Palais-Royal et la Bourse.

Ve CAFÉ BRASSERIE BALZAR
49, rue des Ecoles 43 54 13 67. Quartier latin, près de la Sorbonne.

VIe CAFÉ BRASSERIE DE LA CLOSERIE DES LILAS
171, boulevard du Montparnasse 43 26 70 50. Dans le Montparnasse adoré des artistes et d'Hemingway, sol superbe.

VIe CAFÉ BRASSERIE LIPP
151, boulevard Saint-Germain 45 48 53 91. En plein Saint-Germain-des-Prés, face au Café de Flore, une institution.

VIIIe CAFÉ BRASSERIE MOLLARD
113, rue Saint-Lazare 43 87 50 22. Face à la gare Saint-Lazare, carrelages 1900.

Xe CAFÉ TERMINUS NORD
23, rue de Dunkerque 42 85 05 15. Face à la gare du nord, sol superbe. Décor parfait.

XIIe CAFÉ DU TRAIN BLEU
place Louis-Armand 43 43 09 06. A la gare de Lyon, décor exubérant, fresques démesurées.

XIVe CAFÉ BRASSERIE DE LA COUPOLE
102, rue de Montparnasse 43 20 14 20. Sol exceptionnel, piliers 1925. Bien restauré.

AIX-EN-PROVENCE (13000)

LES DEUX GARÇONS
cours Mirabeau 42 26 00 51. Pour son décor 1792, ivoire et or, d'une exceptionnelle élégance. (M.H.)

BANDOL (83150)

CAVE BANDOLAISE
14, rue de la République 94 29 48 71. Pour ses vins, son ambiance d'initiés. On y fête les vendanges.

LE NARVAL
2, place de la Liberté 94 29 40 16. Pour sa terrasse "Côte d'Azur" avec rotin et palmiers près de la mer.

BORDEAUX (33000)

LA BELLE EPOQUE
2, allée d'Orléans, place des Quinconces. Pour son décor 1880. Même si sa situation n'est plus ce qu'elle était.

LE CAFÉ DU MUSEE CAPC
Entrepôts Lainé, 7 rue Ferrière. Parce qu'il est sur les toits d'un grand musée contemporain, dans les entrepôts Lainé. Signé Andrée Putman.

BAR DES 4 SOEURS
6, cours du 30 juillet. Pour son décor de bonbonnière 1850, aimé de Wagner.

LE CASTAN
2, quai de la Douane. Pour son décor extravagant de grotte 1890. Pour sa marquise en dentelle métallique. Populaire.

LE GAULOIS
3, place des Victoires. Pour sa marquise en dentelle métallique et son ambiance aux styles mêlés adorée des étudiants.

AVIATIC CAFÉ
41, rue des Augustins 56 94 74 00. Pour son décor américain de cinéma et ses cinq télévisions branchées.

CAFÉ DES ARTS
cours Victor Hugo. Décor modeste d'après-guerre, sièges Thonet, fer forgé, carrelages. Nostalgique.

LE BISTROT DES QUINCONCES
4, place des Quinconces. Pour se donner rendez-vous. Cossu, chic et branché. Pour ses vitres biseautées et ses restes de décors passés.

CAP FERRET (33970)

CHEZ MAGNE
Hôtel de la Plage, L'Herbe, 56 60 50 15. Dentelle de bois 1880, à 10 m de la mer, sur le bassin d'Arcachon.

LE PINASSE CAFÉ
2 bis, avenue de l'océan. Pour sa vue sur la mer et son décor de charme.

CERET (66400)

LE GRAND CAFÉ
1, boulevard Maréchal Joffre 68 87 02 85. Pour ses tableaux et son passé lié à Picasso et ses amis.

COLLIOURE (66000)

LE CAFÉ DES TEMPLIERS
quai de l'Amirauté 68 98 31 10. Pour son bar-bateau de pêche, parce qu'il a toujours mêlé peintres, pêcheurs et écrivains.

HONFLEUR (14600)

CAFÉ DES ARTISTES
Pour son ambiance, son passé, ses tableaux.

LA ROCHELLE (17000)

CAFÉ DE LA PAIX
58, rue Chaudrier 46 41 39 79. Pour son décor Napoléon III et ses plafonds peints 1930. Parce que Simenon l'adoptait. (M.H.)

LE CROTOY (80550)

LE SIECLE
5, place du Monument aux morts. Pour son décor 1965 resté intact. Populaire.

LIGNEROLLES/SAINT-ANDRÉ DE L'EURE (27220)

MUSEE DE L'EPICERIE
33 25 91 07. Il reconstitue un café-épicerie. Ouvert le dimanche, de juin à septembre.

LILLE (59000)

LES BRASSEURS
22, place de la Gare 20 06 46 25. Pour ses cuves à bière neuves. Pour son ambiance saloon.

LYON (69000)

IIe LE GRAND CAFÉ DES NEGOCIANTS
1, place Francisque Regaud. Beau décor 1870. Pour donner rendez-vous au quartier des Cordeliers.

IIe BAR DE L'HOTEL-DIEU
4, rue Tupin 78 42 11 98. Pour sa fresque en carrelage. Modeste.

IIe CAFÉ BELLECOUR
33, place Bellecour. Pour son décor disparate et sa vue sur la plus belle place de Lyon.

IIe LE CINTRA
42, rue de la Bourse 78 42 54 08. Pour son décor chic et feutré néo-gothique et Arts and Crafts (surtout le restaurant).

IIIe BUVETTE DU PONT WILSON
15, quai Augagneur. Pour son architecture-cabane et sa vue sur le Rhône.

IIIe CAFÉ DU RHONE
23, quai Augagneur. Parce qu'il est tout petit et parfait. Pour son décor en céramique intact, ses boiseries et son poêle au centre de la pièce. (M.H.).

Ve CAFÉ-RESTAURANT DE FOURVIERE
9, place de Fourvière 78 25 21 15. Pour son panorama de la ville, près de l'extravagante basilique.

MARSEILLE (13000)

CHEZ GERMAIN
Restaurant Le Château, calanque de Sormiou 91 25 08 69. Pour sa situation sauvage et sa vue exceptionnelle sur la Méditerranée.

Ier LE NEW-YORK
33, quai des Belges 91 33 91 79. Pour les rendez-vous sur le vieux port dans un style café-brasserie chic.

IIe BAR CURSICHELLA
59, boulevard des Dames. Pour son décor néo-1940 près des paquebots qui appareillent pour la Corse.

IIe CAFÉ PARISIEN
place Sadi-Carnot 91 90 05 77. Pour son décor 1903 étrangement allié à ses meubles Starck. Restauré.

Ve LES FLOTS BLEUS
82, promenade de la corniche Kennedy. Pour sa vue sur la mer et son architecture 1950.

VIIe BAR DU VALLON
Vallon des Auffes, 169, promenade de la corniche Kennedy. Pour sa vue sur un lieu de pêche d'opérette, pittoresque.

VIIe BAR DE LA MARINE
15, quai de la Rive-neuve 91 54 95 42. Pour sa vue sur le vieux port et son décor contemporain naïf.

MERS-LES-BAINS (80350)

LES MOUETTES
place Eugène Dabit, "Au pied de la falaise" 35 86 30 38. Pour sa vue sur la mer et Le Tréport. Parce qu'il est posé sur les galets.

METZ (57000)

FLO-METZ 87 85 94 95. Café dans la brasserie du même nom.

MIRABEAU (04150)

CAFÉ DE LA FONTAINE
place de la Fontaine. Pour sa terrasse à la Pagnol, sous les platanes, près de la fontaine.

MOULINS (03000)

LE GRAND CAFÉ
49, place d'Allier 70 44 00 05. Pour son exceptionnel décor rocaille 1899 fraîchement repeint gris impérial. (M.H.)

CAFÉ DE LA POSTE
10, rue Amelot. Pour sa façade 1900 et parce que son décor est plein de charme.

NANCY (54000)

EXCELSIOR
51, rue Henri Poincaré 83 35 24 57. Pour son décor exceptionnel de style Ecole de Nancy (1911) avec les signatures de Majorelle, Daum, Grübe. (M.H.)

L'INSTITUT
102, Grande rue. Pour sa situation dans la vieille ville, son bar à incrustations de cuivre et son décor début de siècle. Rendez-vous des étudiants.

CAFÉ DU COMMERCE
1, place Stanislas 33 35 52 62. Pour ses lustres de cristal et sa vue de la célèbre place Stanislas avec ses grilles XVIIIe de Jean Lamour.

NANTES (44000)

LA CIGALE
4, place Graslin 40 69 76 41. Pour son décor 1895 insensé et demeuré intact ; et son ambiance joyeuse d'après-spectacle (M.H.).

LE LOUIS XIV
94, rue Maréchal-Joffre. Pour son décor 1950 en Formica, contreplaqué et photos géantes en noir et blanc.

LE CAFÉ DU CINEMA
4, rue des Carmélites. Pour son décor 1950 modeste, sa situation près du vieux quartier du Bouffay et de la cathédrale.

LE CAFÉ BELLEVUE
20, quai Marcel-Boissard, Trentemoult, banlieue de Nantes. Pour son décor naïf de remorqueurs et sa vue sur l'embouchure de la Loire.

OLLIOULES (83190)

BAR TROTOBOIS
place de la Mairie. Pour sa terrasse avec palmiers, face au marché provençal.

REIMS (51100)

CAFÉ DU PALAIS
14, place Mirron-Herrick 26 47 52 54. Pour son esprit artiste et son décor début de siècle joyeusement farfelu. Rendez-vous de l'intelligentsia locale.

SAINT-REMY-DE-PROVENCE (13210)

CAFÉ DES ARTS
30, boulevard Victor Hugo 90 92 08 50. Pour son ambiance, même surfaite, avec ses vieilles toiles de peintres, palettes et comptoirs anciens.

SAINT-TROPEZ (83390)

CAFÉ DES ARTS
place des Lices 94 97 02 25. Pour sa situation sous les platanes, près du jeu de boules, pour ses vieux murs qui parlent de peinture.

TOULOUSE (31000)

LE CAFÉ BIBENT
5, place du Capitole 61 23 89 03. Pour son décor 1870, pour ses Maures, ses boucs et ses marbres roses. Sur la plus belle place de la ville.

SHOPPING

Pour acheter les vêtements de travail des garçons de café (gilets, tabliers, vestes, etc.)
La Samaritaine, rayon vêtements de travail 19, rue de la Monnaie 75001 Paris tél. 40 41 20 20
Molinel 171, rue Saint-Martin 75003 Paris tél. 42 78 10 67
Bragard 184, rue du faubourg Saint Martin 75010 Paris tél. 42 09 78 09
Duthilleul et Minart 14, rue de Turbigo 75001 Paris

Pour acheter le mobilier, la vaisselle et tout le matériel de café
Antoine Berc 10, boulevard Richard Lenoir 75001 Paris tél. 47 00 41 63
La Bovida 36, rue Montmartre 75001 Paris Succursales dans toute la France.
Mora 13, rue Montmartre 75001 Paris tél. 45 08 19 24
Simon 48, rue Montmartre 75001 Paris tél. 42 33 71 65
Lescène 63, rue de la Verrerie 75004 Paris tél. 42 72 08 74
Corpo 19, rue Montmartre 75001 Paris tél. 42 33 81 35
La Boutique du Flore, rue Saint-Benoit 75006 Paris tél. 45 44 33 40
Le Maître billardier, antiquités, M. Le Brun 24, rue de Lappe 75011 Paris tél. 42 33 71 66 . Objets anciens et meubles.

Certains éléments comme les sucriers en métal sphériques ou les tasses en porcelaine épaisse sont en vente chez Conran, Habitat, à la Samaritaine ou au Bon Marché (ces deux grands magasins vendent également les gilets et les tabliers des garçons au rayon des "vêtements de travail").

De plus en plus les cafés exposent et vendent les assiettes, les tasses, voire les guéridons ou les chaises qu'ils utilisent. Exemple : Le Clown, le Café Costes, les Deux Magots, le Café de Flore.

SAUVONS LES CAFÉS

LE CLASSEMENT AUX MONUMENTS HISTORIQUES

Chacun peut écrire à la Direction Régionale des Affaires Culturelles de sa région pour signaler un café méritant d'être porté en classement.
La Direction du Patrimoine se trouve au 3 rue de Valois 75001 Paris tél. 40 15 80 00. Elle dispose d'une liste des DRAC de région.

Un bâtiment "classé" ne peut faire l'objet d'aucun travaux sans l'accord du Ministère de la Culture. Si ce dernier accepte les travaux, ils doivent être exécutés sous sa surveillance. Le Ministère pourra participer aux frais (participation entre 20 et 80 %).

Le bâtiment "inscrit" ne peut faire l'objet de travaux sans que le Ministère en soit informé. Le Ministère ne peut s'opposer aux travaux projetés qu'en classant l'établissement. Celui-ci ne peut être détruit sans l'accord du Ministère. La participation de l'État aux travaux de restauration ne pourra excéder 40 %.

Un architecte des Bâtiments de France est installé dans chaque département. Tous les bâtiments classés sont placés sous sa coupe.

Les illustrations de ce guide et des pages 18-19 sont tirées d'un ancien catalogue des établissements Berc à Paris.

Cet ouvrage composé par
Thames & Hudson
à Paris, a été reproduit et achevé
d'imprimer en septembre 1994
par l'imprimerie C.S. Graphics
pour les Editions Thames & Hudson
Dépôt légal : 4e trimestre 1994
ISBN : 2-87811-083-8
Imprimé à Singapour

COMME .